全域旅游创新模式研究 丛书　　戴学锋◎主编

资源转型，文旅融合
围绕旅游做农业，围绕农民做旅游

全域旅游的阳城实践

《全域旅游的阳城实践》课题组　梁红岩 ◎ 编著

中国旅游出版社

责任编辑：王　丛
责任印制：冯冬青
封面设计：中文天地

图书在版编目（CIP）数据

全域旅游的阳城实践 /《全域旅游的阳城实践》课
题组，梁红岩编著 . -- 北京：中国旅游出版社，
2019.11
（全域旅游创新模式研究 / 戴学锋主编）
ISBN 978-7-5032-6379-8

Ⅰ.①全…　Ⅱ.①全…　②梁…　Ⅲ.①地方旅游业 –
旅游业发展 – 研究 – 阳城县　Ⅳ.① F592.725.4

中国版本图书馆 CIP 数据核字（2019）第 250908 号

书　　名：全域旅游的阳城实践

作　　者：《全域旅游的阳城实践》课题组　梁红岩编著
出版发行：中国旅游出版社
　　　　　（北京建国门内大街甲 9 号　邮编：100005）
　　　　　http://www.cttp.net.cn　E-mail:cttp@mct.gov.cn
　　　　　营销中心电话：010-85166536
排　　版：北京中文天地文化艺术有限公司
印　　刷：北京工商事务印刷有限公司
版　　次：2019 年 11 月第 1 版　2019 年 11 月第 1 次印刷
开　　本：787 毫米 × 1092 毫米　1/16
印　　张：13.5
字　　数：230 千
定　　价：78.00 元
ＩＳＢＮ　978-7-5032-6379-8

全域旅游创新模式研究 丛书 戴学锋◎主编

资源转型，文旅融合
围绕旅游做农业，围绕农民做旅游

全域旅游的阳城实践

《全域旅游的阳城实践》课题组　梁红岩 ◎ 编著

YANGCHENG PRACTICE OF
HOLISTIC TOURISM DESTINATIONS

中国旅游出版社

《全域旅游创新模式研究丛书》序

　　1978 年中共十一届三中全会拉开了中国改革开放的大幕，当时要解决的核心问题是生产要素固化的问题，那时候每一个机器设备、每一块土地、每一项技术甚至每一个人，都被固化在"单位"上，不能按照市场的要求流动。中共十一届三中全会决议最重要的就是要打破几十年计划体制形成的生产要素固化的弊端，然而从哪里入手突破？为此，邓小平同志于 1979 年发表黄山讲话，把旅游业作为改革开放先行先试的行业。

　　中共十一届三中全会的第二年——1979 年出台了《中华人民共和国合资经营企业法》，1980 年就有三家合资企业诞生——京港合资北京航空食品有限公司、中美合资北京建国饭店和中美合资长城饭店，这三家企业中，有"两家半"是旅游企业。这些企业在打破生产要素固化，特别是打破人事管理方面固化的计划经济体制做出了积极的贡献，在企业内部用人制度上，实现了取消干部和工人的界限，打破了八级工制只能上不能下、收入封顶、干多干少收入一样、企业不能辞退员工等僵化的计划体制弊端，为生产要素按照市场需要的方式配置进行了积极有效的探索。此后，深谙邓小平同志改革开放理论的胡耀邦同志提出全国学建国，把旅游业的改革经验推广到了全国。

　　由于中国的改革开放走的是一条渐进式的改革道路，经过改革开放 40 多年的实践，我国在打破生产要素固化方面已经较为完善，然而在对市场经济的管理方式上，不适应当前市场经济发展的方面还不少，而且越早制定的法规条例越不适应市场经济发展的需要。因此，在 2013 年再次启动改革的中共十八届三中全会上，提出了"要让市场在资源分配中发挥决定性作用"的重要思想，并提出"全面深化改革的总目标是完善和发展中国特色社会主义制度，推进国家治理体系和治理能力现代化"。中共十八届三中全会的第二年，也就是被社会各界认为是中国全面深化改革元年的 2014

年，国务院出台了 31 号文《关于促进旅游业改革发展的若干意见》，显然是再次把旅游业作为了改革的破冰产业。

作为全面深化改革破冰产业的旅游业从哪里入手，怎么解决管理体制僵化的矛盾，如何建立起"让市场在资源分配中发挥决定性作用"的管理体制，面对一系列问题，国家旅游行政管理最高层开出的药方是"全域旅游"：全域旅游是指在一定区域内，以旅游业为优势产业，通过对区域内经济社会资源尤其是旅游资源、相关产业、生态环境、公共服务、体制机制、政策法规、文明素质等进行全方位、系统化的优化提升，实现区域资源有机整合、产业融合发展、社会共建共享，以旅游业带动和促进经济社会协调发展的一种新的区域协调发展理念和模式。

改革开放之初，以旅游业为突破口带动全面改革开放的一个重要举措，就是中央层面的改革开放思想在解放生产要素的最基层——企业上率先实践，从而融化了生产要素固化的坚冰，使改革开放落到了实处。全面深化改革关键是"推进国家治理体系和治理能力现代化"和"让市场在资源分配中发挥决定性作用"，也就是要解决政府对市场经济管理方式固化的问题，此时的最基层显然是基层政府，也就是以旅游业为优势产业的县。因为，县级是自秦始皇制定郡县制以来，中国最基本的行政管理细胞。全域旅游通过县级层面的先行先试，突破不再适应社会主义市场经济的体制机制、政策法规、软硬各种环境，建立起以旅游市场分配资源的新理念，以旅游业带动社会经济全面发展的新模式。

自全域旅游概念提出以来，以旅游业为优势产业的地区，围绕让旅游市场在资源分配中发挥决定性作用，以创建全域旅游示范区为抓手，在全国各地探索了很多创新管理经验，有的在旅游业管理体制机制上，有的在招商引资方式上，有的在土地利用上，有的在财政金融支持上，有的在旅游市场治理上，有的在维护旅游者合法权益上等方面进行了全方位积极的探索。为了进一步总结各地创建全域旅游示范区中的经验，我们组织编写了这套《全域旅游创新模式研究丛书》，希望全域旅游示范区建设在推动全面深化改革中的好做法能得到广泛推广，希望旅游业能为全面深化改革做出更大贡献。

戴学锋

目录
CONTENTS

第四章│阳城全域旅游基本经验　　063

第九章 | 发展"农林文旅康"产业融合　　*139*

附　录

后　记

改革开放以来，依靠得天独厚的资源优势，阳城县充分挖掘山水文化、传统文化、廉政文化和红色文化，不断丰富旅游内涵，大力发展旅游产业。经过历届县委、县政府多年的艰辛探索和努力，阳城旅游从无到有、从小到大，历经以皇城相府引领的煤炭地下转地上、黑色变绿色的景区建设阶段，县委、县政府注重提升的"3+1"战略格局的景区带动阶段，进入现在由县委、县政府强有力领导的乡村旅游与休闲农业的全域旅游阶段。

2016 年 2 月 5 日，阳城县被原国家旅游局确定为全国 262 个首批国家全域旅游示范区创建单位之一，这标志着阳城旅游业进入了全域旅游的新时期。

第一节　阳城县情概览

阳城县位于山西省东南部，地处太行、太岳、中条三山余脉交会处，全县地域面积 1968 平方公里，辖 17 个乡镇（办事处），467 个行政村，总人口 40 万。

阳城县文化底蕴厚重，先后出过 120 余名进士，其中 4 名尚书、2 名宰相，曾涌

▲ 阳城县城

现出南宋著名画家萧照，明万历改革家、吏部尚书王国光，明成化"天下第一清官"杨继宗，南明吏部尚书张慎言，清康熙帝师、《康熙字典》总阅官陈廷敬等历史文化名人。

阳城县是个典型的资源型经济县份，地下资源主要是以煤炭为代表的矿产资源，种类繁多，储量丰富；地上资源主要有五个方面：

一是以皇城相府为代表的古堡古民居资源。阳城古城堡、古民居、古庙宇数量多、规模大、品位高，时代序列完整，古建总量达到 1040 处，是全国县域均值的 11 倍、全省县域均值的 4.5 倍，最为典型的皇城相府，不仅是一组别具特色的明清城堡式建筑群，而且是一座具有强烈地方人文标记的古城堡，被专家称为"中国北方第一文化巨族之宅"。

二是以南部山区为重点的自然山水生态资源。南部山区包括蟒河、析城山、西

▲ 皇城相府

山、鳌背山、小尖山、中华山、云蒙山等在内，有着1200多平方公里的天然植被，有兼具奇、秀、险、峻的自然山水，有华北地区目前保存最好的喀斯特地貌和亚高山草甸，有成片的原始森林，还有杨柏大峡谷等，旅游开发价值极高。

三是以商汤文化为核心的历史文化资源。阳城县商汤庙落古建筑群及历代碑碣为主体的遗迹遗存分布密集、保存较好，在全国绝无仅有。史料记载，历史上阳城县境内村里都有汤庙，计380余座。经最新普查，仍现存汤庙120多座，保存完好的达80余座。

四是以析城山为代表的远古文化资源。析城山留有大禹导山治水的足迹，名见《禹贡》，是远古名山。析城山及其周边有200多个岩龛、洞穴，是旧石器时代早期古人类群居生活的遗址，山顶有火石、打制石器、次生糜子、果树、水池、水井，也是古人类生活的遗存。有不少海内外学者多年考察论证，认为析城山是远古帝王盘古、伏羲、女娲等及其族人居住之地。析城山顶四沿高，中间低洼，形似磕破的蛋壳。山南有鳌背峰，形似断足卧地的乌龟。山间有银河峡，遍布五彩石。是盘古开天辟地、女娲补天、愚公移山、共工怒触不周山等中华远古神话传说的原创地和富集之区。析城山即商汤祷雨之桑林。山上早在秦始皇统一中国之后就建有商汤庙，2000多年来，在中原地区形成了一个以析城山为中心的雩祭文化圈，形成了一个春祈秋报的祭汤习俗。

▲ 中国农业公园大门效果图

▲ 滑雪场

五是以六福客栈为代表的大爱文化。1931—1941年，英国传教士格拉蒂丝·艾伟德在阳城传教。她是辗转俄罗斯（当时的苏联）到日本，然后乘船到天津，由天津到北京，再乘驴车到阳城。在阳城时，将94个孤儿，最小的4岁，最大的16岁辗转运送至陕西，当时宋美龄是陕西儿童会的会长。这个大爱文化体现了阳城在国际上的品牌。格拉蒂丝·艾伟德将自己的所见所行和其中的一个故事记录了下来，写成了自传体小说。1958年拍了一部电影《六福客栈》，女一号是近100年来最好的女演员，好莱坞第一夫人——英格丽·褒曼。这部电影在国际上的影响深远。

阳城县生态环境优美、人文资源丰富，冬无严寒，夏无酷暑，四季分明，气候宜人，旅游资源品位高，种类全，组合良好，且与周边地区的差异性明显，在山西、华北乃至全国都有较强的吸引力，发展旅游业具有得天独厚的优势。县境内有侯月铁路、晋阳高速、晋侯高速、阳济公路皆与外界相通。既可通过晋阳高速，南与晋焦高速、二广高速、京港澳高速、连霍高速等高速公路连接，北与晋长高速、太旧高速连接；又可通过晋侯高速公路到达西安，与陕西境内京昆高速、青兰高速、西汉高速连接，共同构成阳城县外部四通八达的交通网络，大大缩短旅游客源地与阳城的距离，客源腹地将不断扩大，市场潜力巨大。

山西省转型综改试验区建设方向的进一步明确，就是要促进"以煤为基、多元发展"，其中特别重要的是要加快现代服务业快速发展，创新旅游管理体制和市场运行机制，促进文化、旅游产业深度融合。转型综改试验区建设，势必会出台对旅游产业发展更为有利、更为优惠的政策，同时也会有更为充足的资金支持，这为阳城县旅游发展带来了前所未有的机遇。

第二节　旅游资源环境

一、阳城区位优势明显

地处山西东南端的阳城，在空间上位于山西黄河、太行两大板块交界，既是连接山西与河南的核心中转站，也是山西通往中原的重要门户，面向中原经济区有很大的旅游市场潜力。阳城周边运城、焦作、郑州、洛阳市场需求旺盛，京津冀市场的外溢也为阳城全域旅游发展带来巨大的潜在游客群体。通过品牌影响进一步推动阳城的旅游品牌知名度，把阳城的"三山两水"和两大板块发展紧密结合起来，具有明显的旅游区位优势。

二、阳城旅游资源丰富

阳城旅游资源种类较全、品质较高。拥有地文景观、水域风光、生物景观、遗址

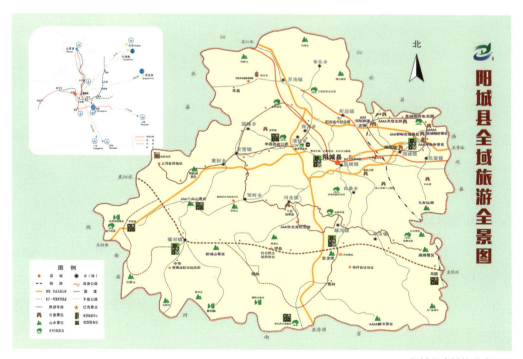

▲ 阳城县全域旅游全景图

▲ 天官王府夜景

▲ 郭峪古城

遗物、建筑与设施、旅游商品、人文活动七大主类旅游资源，26 亚类旅游资源，涵盖 61 个基本类型，占全部旅游资源的 26%，资源品类丰富多样。

阳城拥有 5A 级旅游景区皇城相府，4A 级旅游景区天官王府、蟒河景区，3A 级旅游景区海会寺、孙文龙纪念馆、郭峪古城、上伏河阳商道古镇、小尖山，以及析城山、下交汤帝庙、九女仙湖、凤栖湖、杨柏大峡谷等景区景点，境内有 10 多座明清古堡、146 处各类文物保护单位，景区景点类旅游吸引物遍布全域。在数量众多的基础上，阳城县以沁河古堡群为代表的人文旅游资源以及以析城山、蟒河风景区为代表的自然旅游资源都具有很强的地域特性，特别是人文旅游资源，在一定程度上具有了旅游资源的"垄断"特性。

阳城古村落众多，产业特色型、田园度假型、山水生态型、文化传承型乡村散落全域；各乡镇特色各异，资源独特，吸引力十足；民俗文化、历史文化、商汤文化、红色文化、美食文化丰厚，形成全域范围内的多点吸引，构建了阳城全域开发的基础，全域吸纳大众游客。

三、阳城文化底蕴深厚

阳城的历史、人文、传说、民俗文化丰富多彩，拥有商汤文化、古堡文化、民俗文化、美食文化、桑蚕文化各类文化资源，具有文旅融合、业态创新基础。将这些文化融入古堡、古建和乡村，将文化开发为可消费的旅游产品，让游客随处可体验阳城文化、消费文化旅游产品。

商汤与阳城有深厚的渊源，阳城境内的汤庙数量是全国最多的，商汤祷雨文化在

▲ 砥洎城打铁花

阳城境内流传甚广。可将商汤文化融入析城山的开发建设中，在析城山天池处打造通天之音，使用艺术呈现手法，通过音乐手段传播商汤文化，给游客带来极致音乐艺术体验。

阳城现存的砥洎城、郭峪古城、皇城相府和天官王府等著名的建筑群，具有极高的历史文化和观赏价值。这些古堡建筑群背后蕴含着丰富的历史故事和名人事迹，如明朝商人李思孝在海会寺建立了十三层的琉璃如来塔，创办海会书院，将李家后人和周围村落的年轻人引向仕途；皇城相府为陈廷敬故居，蕴含了"康熙字典"的故事和底蕴，可在相府内打造"康熙字典"微演艺，在相府商业街进行"康熙字典"IP的延伸，开发"康熙字典"旅游商品，形成消费空间。

四、阳城乡土风光优美

阳城乡土风光优美、民俗淳朴，具备打造田园目的地的基础。阳城有着优美恬静的田园风光，散落在阳城各处的特色乡村是重要的旅游资源，阳城民风民俗淳朴，重视生活品质，生活方式有地方特点。

阳城美丽乡村连片建设区包含横河析城山——山地景观区、蟒河——生态休闲区、县城周边——郊野休闲区、沁河芦苇河——明清古堡区四大片区，覆盖多个乡镇，涵盖多个乡村。磨董休闲农业和乡村旅游带途经东冶镇、蟒河镇、河北镇、驾岭乡、次营镇、董封乡六个乡镇，点缀着农家乐、民宿、驿站等各种服务设施和旅游吸引物，营造了悠然、惬意的乡村氛围。中国农业公园发展各类观光农业、体验农业，实现了农旅一体化。

▲ 大地景观图

　　磨董休闲农业和乡村旅游带、美丽乡村连片建设区奠定了乡村旅游的发展基础，中国农业公园的建设成为田园度假旅游的重要支撑。阳城可利用乡村独特的自然环境、田园景观、民俗文化风情、农耕文化、农舍村落等资源，为游客提供集观光、休闲、体验等符合"悠然"特征的综合性旅游产品。

五、阳城历史人物故事 IP 潜力巨大

　　阳城历史悠久、史前神话众多，"阳城古八景"、蟒河、王莽赶刘秀的故事、黄龙庙的由来、"绝兰碑"的故事、花园坪逸闻、九女仙台的传说以及析城山的商汤祷雨传说和圣王坪上汤王娘娘的爱情传说都极具旅游吸引力。阳城将这些故事和内容做 IP 开发和延伸开发，升级成为可消费、可流传、可体验的旅游产品，彻底改变阳城吸引物不足的问题。杨柏大峡谷、析城山、磨滩风景区、古堡古村落等自然条件优越，具备开发低空旅游、写生摄影基地、康养旅游、户外旅游等新业态旅游的基础；阳城自然环境优美，乡土情怀深

▲ 濩泽古城东门效果图

厚，田园氛围浓郁，能够打造精品乡居等高端度假类产品。

第三节　旅游发展历程

改革开放以来阳城的旅游发展经历了三个发展时期。

一、景区建设阶段（20 世纪 90 年代至 2008 年）

阳城旅游开始于 20 世纪 90 年代后期，以景区建设为主，经过十几年的发展，到 2008 年旅游产业粗具规模，成效明显，建成了皇城相府、九女仙湖、蟒河、天官王府等一系列景区。同时问题也比较突出。这一时期阳城旅游的特点主要有：

1. 旅游产品定位不明晰，市场促销力度不够

旅游产品定位不明晰，客源市场不明确，旅游发展方向不够清楚。同时，对本县众多的自然、人文资源，缺乏有效的宣传，也是造成许多品位较高的旅游资源"养在深闺人未识"的重要原因，对旅游市场缺乏足够的引导和主动促销。对阳城县的旅游者所做的市场调查中可以看出，旅游者对阳城景点的了解主要来自亲友与朋友的介绍，其次是电视宣传和旅行社广告，而从其他各类现代化的通信渠道了解阳城的旅游

▲ 十八罗汉峰

▲ 皇城相府生态园

者数量较少。

2. 大多数景区景点知名度较低，且景点分散、旅游线路组织困难

阳城县虽然有着较多的旅游资源，但同国内知名旅游景区相比，除皇城相府、蟒河风景区相对而言较有名气之外，其他景区景点知名度不够高。在调查中，旅游者认为阳城最值得游览的旅游景区（景点）仍以排名前三位的景区为主，而其他大量丰富的旅游资源却乏人问津。

旅游景点过于分散是阳城县旅游资源面临的又一问题。蟒河、九女仙湖、云蒙山、析城山、崦山、皇城相府等景区（景点）分布在县内不同的区域，给旅游线路的组织带来了一定的困难。由于旅游者的出行时间有限，景点分散必然影响到游客对景点的到访率和游览兴趣，从而对旅游业的发展产生一定的负面影响。

3. 发展旅游业的大环境有待进一步改善

社会各阶层、各部门对发展旅游的重要性的认识还有待进一步提高，旅游产业化、社会化程度不够高。在旅游地形象、从业人员素质方面仍需提高，基础设施配套程度较低，旅游发展的体制有待完善，管理部门需要加强沟通和协调。

4. 旅游专业人才匮乏，妨碍了旅游业的良性发展

这一时期阳城县的旅游管理人才相对匮乏，具备旅游专业知识的人才，尤其是从事旅游规划设计、旅游市场营销、旅游企业经营管理的高级管理人才较少。从而妨碍了阳城县旅游业的良性发展，因而必须把旅游人才的培养列入重要日程。

▲ 皇城相府河山楼

5. 旅游交通环境制约了旅游业的发展

各景区之间道路连接不畅，道路
等级较低。迫切要求改善区内交通环
境，增强景区、景点的可进入性。对
旅游者进行问卷调查的结果表明，旅
游者认为阳城旅游发展过程亟须改进
的问题：一是改善旅游交通条件；二
是加大广告宣传力度；三是明确旅游
主题，创造旅游特色；四是完善旅游
接待设施；五是丰富旅游内涵，提升旅游文化等。

▲ 特色民宿水云轩客栈

6. 旅游接待条件较差，配套设施有待完善

这一时期阳城的食、住、行、游、购、娱和旅游信息服务等产业要素虽已具备，
但产业体系尚不完备，旅游接待条件较差，配套设施不够完善，尤其是饭店设施相对
落后，档次偏低，成为阳城旅游业发展的又一制约因素。从旅游者对阳城旅游各要素
的评价来看，除对旅游景区和服务与管理水平评价较好外，旅游者对阳城其他旅游要
素的评价多数认为一般，作出较差评价的为数也不少。说明阳城的旅游开发和旅游发
展状况还不尽如人意，亟须加大旅游开发力度，丰富旅游景点，完善旅游设施，提高
旅游服务水平和增强旅游竞争能力。

二、"3+1"大旅游格局建立（2009—2015年）

"十二五"时期，阳城县提出以全省旅游重组整合为契机，以县城为支点，以三大景点建设为支撑，构建"3+1"大旅游格局，按照"整合东北、完善东南、开发西

▲ 美丽中国十佳旅游县

南"的发展思路，坚持"党政主导、部门联动、市场运作、社会参与、集群发展"的发展模式，树立"大旅游、大产业、大市场"的发展理念，紧紧围绕"一心三区四点"旅游产业发展布局，着力打造"山水阳城、休闲阳城"两大品牌，完善旅游产业要素，倾全县之力，加快推动旅游业与一二三产业的融合发展，运用现代科技特别是信息技术提升旅游业，实现"游阳城山水、览中华古堡、住亮丽县城"的目的，把阳城旅游业打造成阳城经济发展的支柱产业，加快阳城经济转型、跨越发展的进程。这一时期的主要工作及成就如下：

（一）开展农家乐建设

2014年开始，阳城县连续3年实行县直单位科级以上领导干部帮建农家乐活动。通过"一对一""点对点"的结对帮建办法，以"标准化、规范化、集聚化"为原则，每户奖励10000元，建起了1000余户"布局合理、设施完善、特色鲜明、带动力强"的新型农家乐，全县农家乐规模和接待能力大幅提高。具体做法如下：

1.规范指导，确保高标准建设

按照相关法律法规和标准，在与农家乐涉及片区相关乡镇主要领导充分讨论的基础上，编制了《阳城县农家乐（休闲旅游）项目申报标准》《阳城农家乐操作实务》和《阳城县农家乐星级评定及服务规范标准》等。同时从准备建设农家乐、怎

样建设农家乐、本县农家乐的现状及发展、农家乐发展典型案例等方面进行了《阳城农家乐操作实务》宣讲。使农户对农家乐有了感性的认识和理性的理解，确保了农家乐建设的标准化推进。

▲ 农家乐

2. 培训与建设同步

为加快发展乡村旅游，对已开展农家乐的经营户进行专业技能提升培训，使全县乡村旅游业服务质量整体水平有了一定的提高。投资 10 万余元，完成农家乐经营示范户提升培训 290 人次。

3. 宣传与建设同步

为确保农家乐建成后有充足的客源市场，让广大农户通过发展农家乐得到实惠。加大了农家

▲ 相府宾馆家宴楼

乐宣传促销力度并将之列入全县旅游营销宣传范畴。印制了"农家乐特色游"旅游指南，推出了山里人家自助游——横河，亲近自然休闲游——蟒河，古堡村落访古游——北留、润城，沁河漂流激情游——东冶四条旅游特色品牌，真正把县委、县政府为民办的好事办实、实事办好。

4. 农家乐建设更显特色

更多的农户选择加入农家乐专业合作社或者联户经营。例如：横河新建的农家乐积极要求加入当地的"山里人家"农民专业合作社，由专业合作社统一农家乐服务标准，统一组织农家乐对外宣传、营销、推广，统一旅游团队接待。驾岭乡红坦腰农家乐，在村集体的带领下，互相学习、互相促进，家家户户都高标准完成了农家乐建设任务。润城镇沟西村按照海会龙湫合作社的统一规划完成基建，同时还各自打造了剪纸、陶瓷等各具风格的主题农家乐。此外，还形成了多种特色农家乐：

南安阳的民俗风情农家乐、演礼的生态养生农家乐、西河休闲人家农家乐等。

（二）开展旅游惠民活动

为了让全县人民，尤其是阳城籍在外工作人员和在阳城工作的外地人员，更多地了解阳城历史和现状，欣赏阳城人文和自然景观，共享旅游发展新成果，大力宣传推介"悠然阳城"品牌，再次掀起以旅游为导向的美丽乡村建设新高潮。2015 年、2016 年，阳城县连续开展旅游惠民活动，让广大人民共享旅游发展成果，本地居民凭身份证可全年游览每个景区一次（节假日除外），在本县工作的外籍人员和本县在外工作人员可凭本单位介绍信或村委介绍信于正月游览每个景区一次。

旅游惠民政策的实施，引导广大城乡居民走出家门、走近自然，感受旅游带来的快乐，受到了群众一致好评。对宣传阳城旅游建设成果，擦亮"悠然阳城"名片起到了积极作用。

（三）出台一系列促进旅游发展的方针政策

2013 年春，阳城县被列为山西省"美丽乡村"连片区建设试点县。阳城县委、县政府依托现有旅游发展格局，制定了"一带四区"连片区建设规划。以《磨董休闲农业与乡村旅游带总体规划》为准展开了以东起磨滩、西至董封，串珠成链的美丽乡村休闲示范带的建设。

2014 年 3 月 26 日，阳城县人民政府办公室印发《关于阳城县 2014 年度打造全国古堡民居第一县工作方案的通知》。

2014 年 9 月 25 日，阳城县人民政府办公室印发《关于做好"9·27"世界旅游日和国庆节假日旅游安全等工作的通知》。

2014 年 12 月 26 日，阳城县人民政府办公室印发《关于提升"北留—润城"美丽乡村旅游区建设的实施方案的通知》。

2015 年，县委、县政府以 1 号文件印发《中共阳城县委阳城县人民政府关于加快以旅游为导向的美丽乡村建设的指导意见》。

2015 年 2 月 13 日，阳城县人民政府办公室印发《关于做好"旅游伴我过大年"

惠民活动安全工作的通知》。

2015年4月1日，阳城县人民政府办公室印发《关于磨滩至董封乡村公路沿线美丽乡村建设的实施方案的通知》。

2016年7月12日，阳城县人民政府办公室印发《阳城县旅游奖励办法的通知》和《阳城县创建国家A级旅游景区奖励办法的通知》。

2016年，县委、县政府以1号文件印发《中共阳城县委阳城县人民政府关于推进休闲农业与乡村旅游产业融合发展的实施意见》。

阳城县旅游发展委员会办公室文件

阳旅委办发〔2016〕1号

阳城县旅游发展委员会办公室
关于印发《关于加强旅游市场综合监管的意见》的
通　　知

县直各有关部门：

　　为加强旅游市场综合整治，营造诚实守信、文明经营的旅游消费环境，维护"悠然阳城"的良好形象，县旅游发展委员会办公室制定了《关于加强旅游市场综合监管的意见》，现印发给你们，请认真组织实施。

阳城县旅游发展委员会办公室
2016年1月11日

— 1 —

▲ 阳城县旅游市场监管文件

三、全域旅游时期（2016 年以来）

"十三五"以来，中国旅游业进入了全民旅游时代，个人家庭自助游、自驾休闲游逐渐成为主要旅游方式。传统的以抓点为特征的景点游越来越无法满足游客多样化、多层次的消费需求，拓展旅游发展空间势在必行。

旅游发展新趋向，要求打造新引擎。阳城致力于实现"处处是风景、时时可旅游"的景点景区内外一体化建设，这种将景点旅游模式转变为全域旅游模式的探索代表着现代旅游发展的新方向。阳城因此而被列入首批"国家全域旅游示范区"创建单位。

从传统的以抓点为特征的景点游，到把全县作为一个旅游目的地"打包"建设的全域游。近年来，一场深刻的旅游供给侧结构性改革正在阳城推进，不仅悄然优化着旅游产品和服务供给，也强力托起了县域新经济。

1. 全域整合，因势随形优化旅游供给

在阳城境内，什么资源最丰富？不少人首先想到的就是煤。其实这座山城县域还有得天独厚、"挖"之不竭的文化旅游资源，只是因为长期被煤炭经济笼罩而不为更多的人所重视。从 2012 年起，一路狂奔的煤炭经济遭遇断崖式下滑。将丰厚的文化旅游资源培育为新的支柱产业，成为阳城重振发展雄风的现实选择。

一提到抓旅游，不少主政一方者想到的就是建景点、造景区。而阳城县党政班子则与众不同地提出了发展全域旅游的顶层设计，也就是将全县整体作为功能完整的旅游目的地来"打包"建设运作，实现景点景区内外皆系风景、都能旅游。选择这样一条独特的旅游发展路径，为什么？县委书记窦三马认为，旅游业态正在由以观光为主向观光、休闲、度假并重转变，传统的以抓点方式为特征的景点旅游模式，已经无法满足"休闲时代"的生活和消费需求。唯有提供更加充足丰富的旅游产品和服务，才能让游客玩得放心、舒心、开心。为此，阳城县紧扣"休闲时代"主题，并结合好山、好水、好空气的县情，擘画出"充分突出阳城生态养生、文化养性、乡村度假的特色，打造中国悠然生活方式诞生地"的全域旅游实现路径，在全县点燃了"发展全域旅游，打造悠然阳城"的火热行动。阳城县先行一步的抉择与国家政策层面的引导高度契合。

2. 全景打造，将全县建成美丽大景区

发展全域旅游，骨干景点对游客的"吸睛"作用非常关键。为了进一步昂起全县旅游的"龙头"，阳城加快开发和巩固提升骨干景区。皇城相府通过实施"景区＋"战略，整合了九女仙湖、绿化了周边山脉、建成了生态园和相府庄园酒店等配套设施。在县委、县政府的支持下，当地一家骨干煤企开始按照 5A 级旅游景区标准着手打造析城山景区。天官王府与"全国旅行社百强企业"康辉旅游集团深度合作，谋求自身更大的发展。

全域旅游固然需要大景区引领带动，精髓更在于"处处是风景、时时可旅游"。阳城拥有全省一流的生态环境，该县以此为依托，奋笔书写美丽乡村和田园城市建设的新诗篇：蓝天、碧水、青山，绿树、花海、古村。

以磨滩村为起点，沿磨董旅游公路向着董封方向驱车西行，沿线 6 个乡镇 61 个村的乡村美景被一一缀连起来。游客可以感受到古朴天然的磨滩村、小康生活的蔡节村，可以在孤堆底村参观孙文龙纪念馆，还可以登上析城山欣赏亚高山草甸景色……沿途的旅游基础设施和公共服务也十分齐全，建有乡村驿站、农家乐、观景点、停车场、景观式厕所等。公路两侧不时会出现统一的路牌指示标识，设计精巧，赏心悦目。

就像磨董旅游公路一样，旅游元素被一一织入了美丽乡村、田园城市的建设当中。

▲ 九女仙湖

▲ 邢西村花开了甜蜜小镇

美丽乡村的抓手是"一廊一园四区"。"一廊"是磨董乡村旅游"百里画廊";"一园"是在演礼、固隆、次营3个乡镇集中建设集农业观光、研学科普、休闲度假为一体的"中国农业公园";"四区"是推进北留、润城，蟒河，东冶，横河美丽乡村四大连片区建设。田园城市则重在画好"三个圈"：一是凤城、西河、演礼3个乡镇接合部的田园经济生态圈，重点发展休闲农业、观光农业和民俗文化节庆活动；二是围绕演礼工业园区的工业经济生态圈，培育新兴产业，实现产城融合；三是环绕县城的城市绿道休憩生态圈，建成40公里长的环县城休闲绿道，将县城6大森林公园串联起来。

3. 全业融合，从旅游到"旅游+"的跨界

▲ 孤堆底驿站

全域旅游的含义并不局限于旅游休闲，如何全域发挥"旅游+"功能，以旅游为线，串联起工业、农业、文化等跨界产业，使旅游与其他相关产业在深度融合、相融相生中形成新的生产力和竞争力，也同样是题中应有之义。这一点，阳城一直在行动。

在河北镇孤堆底村，一个占地

300 亩的大型采摘园建在山脚下，栽植着樱桃、葡萄、油桃等果树。水果成熟时，从县城开车过来尝鲜的游客络绎不绝，每年的毛收入达到八九十万元。在驾岭乡，通过集中流转土地后再租赁给农户种植的方式，正在依山就势打造万亩红苗谷的大地景观。等到谷子成熟季节，漫山遍野一片红，目之所及惹人醉，既让游客有景看，百姓增收也添了新门路。

坚持全域实施"旅游 +"战略，以旅游为导向抓好田园城市和美丽乡村的建设。通过"旅游 + 农业""旅游 + 工业""旅游 + 文化"等模式，实现了"农区变景区、田园变游园、农产品变旅游商品"，推出了"古堡古村落访古游""沁河漂流激情游""亲近自然休闲游"和以阳城八八宴、阳城火锅等为代表的特色美食游，以上党梆子、阳城道情等非物质文化遗产为代表的民俗体验游，以阳城丝绸、皇城相府蜜酒等为代表的特色购物游等新兴旅游业态，打造出北京国际山地徒步大会阳城分站赛、太行山文化旅游节等一批知名节庆品牌。

从旅游到"旅游 +"，一个多业态全域旅游产业集群在阳城逐渐形成，也成了该县稳增长、调结构、增就业、惠民生的新引擎和加快新型城镇化、新农村建设的新载体。

4. 全民参与，群众在共建共创中受益

在景点旅游模式下，旅游从业者只是导游、服务员等，而全域旅游打造的是一个开放式旅游目的地，整个区域内的居民都变成了主人和服务者。这就要求我们通过全民共享旅游发展成果，不断增强居民的获得感，促使他们自觉把自己作为旅游环境建设一分子，提升旅游意识和文明素质。

农家乐帮建工程和"旅游惠民过大年"活动的持续开展就是阳城调动农民参与全域旅游积极性的点睛之笔。借着好政策、好机遇，群众乘势而上。截至 2016 年年底，由县财政投资近 1000 万元，阳城扶持建成标准化农家乐近 1000 户，每户农家乐年均增收 3 万元。县财政投资 3800

▲ 阳城火锅

▲ 析城山圣王坪瑶池胭粉花

万元改善提升农村人居环境，让城乡既宜居又宜游。

　　凡此种种，在让群众享受到发展全域旅游所带来快乐和幸福的同时，也激发了他们人人都是旅游形象、处处创建旅游环境的主人翁意识。有的村民把当地土特产品开发加工成附加值高的旅游商品，供游客选购；有的开动脑筋，利用本地资源打造新的旅游项目；对于县委、县政府发出的改善农村人居环境号召，全县农民主动参与创建，干净整洁的村庄比比皆是。全民参与，共建共创，阳城的全域旅游之花越开越艳。

第一节 立足"四全"，整合资源

阳城县围绕"全域整合、全景打造、全业融合、全民参与"的总体思路，坚持"田园城市、美丽乡村、产城融合、城乡一体"发展战略，深入挖掘旅游特色要素，整合全县旅游资源，形成了全域旅游的整体格局。

一、全域整合旅游资源

阳城历史悠久、文化灿烂，资源丰富，自西汉置县距今已有2000多年的历史。明清时期与陕西韩城、安徽桐城同为全国文化发达之乡，有"名列三城、风高五属"之美誉。阳城县又是煤炭大县，为摆脱长期单纯资源依赖，实现经济转型跨越式发展，以创建国家全域旅游示范区为目标，切实提升旅游产业文化内涵，打响叫亮"悠然阳城·康养胜地"旅游品牌。

依托遍及全县的各类旅游资源，阳城全域构建起"一带、两核、三片区、七组团、多点、网络化"层次分明、主次有序的空间发展方向和结构体系。其中，"一带"指沁河古堡旅游带；"两核"指皇城相府和阳城（濩泽古城）；"三片区"指南部山水风

▲ 枪杆村

光片区、中部乡村旅游片区、北部民俗文化片区；"七组团"包括蟒河组团、析城山组团、沁河组团、中国农业公园组团、商汤文化组团、红色文化组团、民俗文化组团；"多点"指散落在阳城全域的景区景点、特色乡村、风情小镇、特色旅游商品等吸引物；"网络化"指依托四级交通形成的旅游线路交叉网络化布局。"一带"呈南北向布局，"三片区"呈东西向布局，通过"一带"将"三片区"串联起来，并与"两核"相通，实现了阳城旅游的内部畅通。"沁河古堡带"延伸至邻县沁水县，"南部山水风光片区"包含太行一号国家风景道的重要路段，通过"一带""三片区"，实现了阳城旅游的外部连通。

根据山西省委、省政府倾力锻造"黄河、长城、太行"三大文化旅游板块的发展战略，把阳城旅游融入全省大旅游发展圈，做大、做响太行山旅游品牌，围绕晋城市"两环一带"的旅游战略布局，建设"太行旅游名城"。加强阳城县全域旅游顶层设计，绘制全面、科学、系统的全域旅游规划蓝图。将皇城相府的太行古堡文化、九女仙湖的太行山水风光、蟒河的太行生态文化、横河镇太行红色文化、析城山的中华文化融入大太行旅游板块，打造太行旅游的南大门，将阳城打造成太行旅游板块的明星品牌。

二、全景打造重点旅游景区

以"三大景区"为依托，瞄准打造"全国重要旅游目的地"，积极推进"全国旅游标准化试点县"建设，加大宣传促销力度，通过景区的品牌效应，带动"阳城旅游"形象全面提升。按照"国家级风景名胜区"标准着力打造皇城相府，带动天官王府丰富内涵品质，提升接待水平，实现与皇城相府的错位发展、差异互补。蟒河景区加快以休闲、度假、体验为重点的二期建设，全力推进5A级旅游景区创建。析城山景区重点完成基础设施建设，为在保护中加快开发创造条件。沁河、芦苇河片区以创建"全国古堡民居第一县"为契机，充分发挥古堡古村古建优势，形成独树一帜的人文景观；横河片区借助原始生态优势，推出探秘探险、登山野营等体验型旅游形态；蟒河片区突出山水景色优势，开发休闲度假、健康养生新型旅游模式；县城周边片区立足县城优势，推出农园采摘、家庭体验等多样化的城郊旅游产品；磨滩—董封旅游带沿线乡镇充分利用陶瓷、冶铸、蚕桑产业资源，挖掘廉政、红色、民俗等文化资源，打造不同风格的乡村旅游观光点、体验处。在沿线实施"百里画廊"景观提升工程，加大可视范围荒山荒坡造林绿化力度，建设以高效经济作物为主的大地景观，示范带动其他乡村同步发展。在重点景区如蟒河、析城山、皇城相府等地周边村落进行村内环境综合整治、道路修建、观光项目建设、农家乐改造等工作。全面推进砥洎城、潘家庄园、智和农庄、固隆汤帝庙、上伏河阳古商道3A级旅游景区创建工作，以及开展中华山、枪杆、上河等重要节点的保护利用工作。

在搭建全域旅游大格局的基础上重点打造了凤城陶瓷、润城灯笼、北留古堡、固隆探源、幸福演礼、山地横河6个特色小镇，支持农户建成中庄棋盘古院、古硒农场客栈、机车驿站、水云轩客栈、天道农家养生园、碧绿源开心农场、孤堆底古村驿站等9处休闲农庄，提升29座民俗客栈，10座2A级以上旅游厕所的筹建。打造河阳商道古镇、智和农庄2个3A级旅游景区，加大对旅游资源的保护力度，完成全县文化旅游资源普查建档工作。积极开展"民宿（农家乐）"和"采摘园"标准化创建工作，全县共推动27个特色民俗村发展，体现乡村风貌、农家特色的"农家乐"。

▲ 砥洎城

▲ 天官王府河街

▲ 旅游厕所

截至目前，阳城县拥有 5A 级旅游景区 1 个（皇城相府），4A 级旅游景区 2 个（蟒河、天官王府），3A 级旅游景区 5 个（孙文龙纪念馆、海会寺、郭峪古城、小尖山、河阳商道古镇），省级旅游度假区 1 个（蟒河），建成 2A 级旅游厕所 13 个，特色农庄 20 多个，"农家乐"专业合作社 26 个，旅游购物商店 6 个。还拥有 43 家旅行社及分支机构，包括 2 家五星级饭店，1 家四星级饭店，1 家三星级饭店在内的 13 家旅游定点接待饭店。

三、全业融合协同发展

阳城县坚持"围绕旅游抓农业、围绕农民抓旅游"，把"种农田"变为"卖风光"，"美丽风景"变身"美丽经济"。主攻休闲农业、乡村旅游发展，着力构建农业与二三产业融合发展的现代产业体系。目前已经形成了"旅游＋农业、旅游＋体育、旅游＋中医药、旅游＋影视、旅游＋文化"的旅游发展新业态。

以全域旅游示范区创建为重点，努力把旅游产业打造成战略性支柱产业。坚持全县一盘棋，将城市与村庄、山水与田园、文物与文化、民居与民俗纳入旅游发展大盘子，制定全域旅游发展总体规划和区域性、局部性详规，引领和推动全域旅游快速发展。全力实施旅游振兴计划，新办一批集体验、观光、休闲于一体的特色农庄，建设一批符合国家评定标准的 A 级景区，发展一批具有鲜明特色的乡村旅游示范村，开发一批具有地域文化特点的旅游商品，扶持一批既有本土特色，又有域外风情的小吃一条街、特色餐饮城、精品农家乐。同时，坚持点线面结合，抓好骨干景区建设，开发一批科普游、生态游、体验游、休闲游、文化游不同特色的精品线路，切实使"青山"变为金山、"风景"变为产业、"美丽"变为财富，形成产业大融合。

坚持"文旅结合、农旅结合、体旅结合"，继续办好"国际徒步大会"和"农业嘉年华"等品牌活动，积极申报国际山地马拉松赛事，加快建设"中国农业公园"。塑造蕴含商汤文化、蚕桑文化、冶铸文化、红色文化、廉政文化等在全国有竞争力的文化品牌，办好"一带一路"货源地联盟等具有重要影响力的会议，提升阳城旅游的文化软实力。引导各乡镇举办四季不断、形形色色的节庆活动，持续扩大阳城旅游的知名度和美誉度。围绕"安、顺、诚、特、需、愉"六字要诀，完善旅游集散体系、厕所、停车场等公共服务设施，持续提升旅游接待能力和服务标准化水平。全面实施智慧旅游工程，开发阳城智慧旅游公共服务信息平台，实现线上、线下旅游融合发展。

将旅游元素植入农业，大力发展休闲农业，赋予农业旅游功能。适应现代居民消费需求，突出以农耕文化为魂，以美丽田园为韵，以生态农业为基，以创新创造为径，以古朴村落为形，将休闲农业与现代农业、美丽乡村、生态文明、文化创意产业建设融为一体，推动产业融合发展，促进种农田向卖风景转变。

将旅游元素植入产业转型，以省级低碳经济开发区建设为重点，整合现有的演礼工业园区、安阳陶瓷工业园区、八甲口商贸物流园区和芹池工业园区，形成演礼六产融合发展园、安阳现代陶瓷工业园、芦苇河"一带一路"物流园"一区三园"新格局，与三大旅游片区一体打造阳城经济发展新的增长极。

▲ 特色民宿——金月花溪

加速促进产业融合。按照要素有序自由流动、主体功能约束有效、基本公共服务均等、资源环境持续承载的要求，构建"一心两廊三园四区"高度融合的区域空间结构。紧扣"一心"定位。以凤城、西河、演礼、白桑等乡镇为主建设田园城市，打造拉动县域经济

▲ 阳城国际徒步大会

▲ 西河油菜花

发展的龙头和核心。围绕"两廊"布局。以磨董乡村旅游公路产业景观带沿线为重点，倾力打造乡村旅游"百里画廊"；遵循"工业化、城镇化、生态化"三化同步的思路，全力打造芦苇河生态经济走廊。加快"三园"建设。坚持"优势互补、突出特色、错位发展"，加快建设演礼园区、壮大北留园区、提升安阳园区步伐，进一步增强工业园区的承载力和带动力，努力实现园区与镇区、城区联动，产业与就业、创业融合。推动"四区"发展。推动形成北留润城古堡民居开发先行区、芹池寺头町店清洁能源开发集中区、演礼固隆次营休闲农业示范区、横河河北驾岭董封东冶蟒河生态经济区四大功能区，着力构建区域块状布局、合理分工、紧密协同的发展新格局。加速产业转型，抓紧上马一批促转型、增后劲的产业发展类项目，全面铺开一批强承载、利统筹的基础设施类项目，集中实施一批带三产、促繁荣的旅游文化类项目，切实抓好一批惠民生、促和谐的社会事业类项目。稳步推进农、林、文、旅、康产业融合发展试点先行区建设工作，开展桑林书院、卧龙湾运营升级和康养中心立项规划等子项目；加快落实蟒河景区游客中心外迁工程和蟒河景区提升工程。

四、全民参与旅游环境

全县进一步打造"一产围绕旅游调结构，二产围绕旅游出产品，三产围绕旅游搞服务，交通围绕旅游上档次，城建围绕旅游树形象，林业围绕旅游出景点，文化围绕旅游创特色，宣传围绕旅游造声势，政法围绕旅游保平安，各行各业围绕旅游聚合力"的环境和旅游发展态势。

坚持"走出去"与"请进来"结合、招商引资与招才引智并重，对外以"中原经济圈和城市群"为战略支点，按照"东融南承西联北拓"的要求，围绕产业转型、园区发展、旅游开发，实施精准招商。对内借助举办"国际徒步大会"契机，组织开展"邀老乡、回故乡、建家乡"活动，为阳城发展建言献策、牵线搭桥。

优化环境保障产业转型。强化"人人都是环境、人人创造环境"的理念，大力营造宽松灵活的政策环境、优质高效的政务环境、公平有序的市场环境、健康和谐的人文环境，排除发展障碍，努力形成亲商安商、兴商富商、全民参与的健康旅游氛围。

第二节　依托"四游"塑造品牌

大力实施"乡村旅游、全域旅游、四季旅游、全民旅游"开发战略，努力把"悠然阳城、康养胜地"这一品牌打造成阳城创新驱动、转型升级的新亮点。创新发展"旅游＋"等新型业态，促进全县旅游由景点游向乡村游辐射、由区域游向全域游转变、由单一观光游向多元复合游拓展、由旅游产业向三次产业融合延伸，充分发挥旅游业带动就业、富裕群众的独特作用。

一、乡村旅游有特色

按照"农旅结合、以农促旅、以旅强农"新理念，积极培育一批经营特色化、管理规范化、产品品牌化、服务标准化的休闲农业示范点，持续发展采摘园、体验园、半亩园等新型业态，促进休闲农业多样化、个性化发展。

坚持"围绕旅游抓农业、围绕农民抓旅游"，把"种农田"变为"卖风光"，"美丽风景"变为"美丽经济"，主攻休闲农业、乡村旅游发展，加快"农旅结合、以农促旅、以旅强农"步伐。

全力打造美丽乡村升级版。一是加快推进"中国农业公园"建设，打造"农业＋

旅游"创新发展的新引擎。推广演礼薰衣草庄园发展模式，积极引导农民围绕休闲农业和乡村旅游全产业链创家业、立新业、抓增收。二是着力打造美丽乡村风景线。按照"一村一幅画、一线一精品"的要求，提升完善磨董乡村旅游"百里画廊"，在沿线打造 6 个产业示范园。推进"太行一号国家风景道"阳城段旅游走廊建设，形成"廊、道"互联、"景、业"辉映的乡村旅游风景线。三是持续改善农村人居环境。继续实施宜居示范、农民安居、环境整治、完善提质四大工程，打造美丽宜居示范村，扎实推进国家级新型城镇化试点及润城特色小镇试点建设。四是大力发展"农业 +"新业态。注重发展"农业 + 文旅"产业。以全域旅游带动特色农业发展，推动农、林、文、旅、康养产业融合发展。积极培育休闲农业新产业。推动农业由单一功能向生态、养生、文化等多功能拓展，大力发展休闲度假、农耕体验、农业创意等产业产品，支持发展集循环农业、创意农业、农事体验于一体的田园综合体；加快推进农村电子商务发展。鼓励有条件的企业进驻电子商务平台，支持农业新型经营主体开设网上专卖店，构建多层次、多渠道的农产品营销网络。

"发展一业、打造一景、建设一村"，大力发展生态农业、绿色农业、有机农业，全县建成了特色农业专业村 210 个。蚕桑、陶瓷作为阳城的传统产业，在全域旅游的引领下，焕发出新的生机。蚕丝被、绿洲大麻、相府蜜酒、润城枣糕、蟒河山萸产品、桑叶茶、桑葚、花椒、食用菌等特色农副产品，在这片希望的田野上争奇斗艳，结下丰硕的果实，中国绿色小米之乡、中国山茱萸之乡美名远扬。

▲ 油菜花开

▲ 蟒河明秀苑酒店

二、全域旅游有布局

阳城县以创建"国家级旅游业改革创新先行区"为目标，紧紧抓住省委、省政府锻造黄河、长城、太行三大旅游板块的战略机遇，以总体规划为引领、精品景区为支撑、A级旅游景区为重点、乡村旅游为依托，打响叫亮"悠然阳城·康养胜地"新一线旅游城市全域旅游品牌。

持续实施"全域旅游"开发战略，坚持高端规划引领、骨干景区支撑、乡村旅游辐射、便捷路网串联、特色文化铸魂、宣传营销造势，实施"五十百千万"旅游振兴计划，做好南太行"消夏、休闲、康养、度假"文章，打造中原市民"旅居后花园"，叫响"悠然阳城、康养胜地"品牌。

阳城在全域旅游的发展上，主要是采取了点、面、线、片相结合的方式，科学规划，城乡一体，多管齐下，全面推进。所谓点，是指景区、景点的建设和带动；面，是指美丽乡村和田园城市建设；线，是指连接美丽乡村串珠成链的乡村旅游线路和环绕县城的田园经济、工业经济和休闲绿道生态圈；而片则是指农家乐和农业庄园建设。

完成全域旅游总体规划，绘制出全面、科学、系统的全域旅游规划蓝图，建设旅游大数据中心，努力形成全县域、大康养全域旅游新格局。在巩固一级、二级旅游市场的基础上，逐步开拓三级市场，确保"京津冀"市场"全覆盖"，努力创建"全国重点旅游目的地"。围绕省委、省政府"黄河、长城、太行"三大旅游新品牌战略，把阳城旅游融入山西省大旅游发展圈，把"悠然阳城·康养胜地"品牌融入全省旅游三大板块。

三、四季旅游有产品

塑造养眼景观。持续打造全国古堡民居第一县，巩固提升皇城相府、蟒河、天官王府、郭峪古堡等 A 级旅游景区，加快开发析城山、砥洎城等景区，高标准打造"中国农业公园"和蚕桑田园综合体，连片连线建设乡村旅游点，全时全域开展特色节庆活动，初步实现处处是景、时时见景。

培育养生产品。继续办好国际徒步大会和农业嘉年华，带动发展健走骑游、登山露营、写生摄影等旅游项目，开发包装桑葚、高妆馍、山茱萸等绿色产品，提档升级农家乐，大力发展共享农庄，精心打造精品民宿集聚区，让南部山区成为"养眼洗肺、解乏去累、度假休闲"的绝好去处。

创新养心体验。积极申报沁河古堡世界文化遗产，挖掘整理文化史料，精心打造文化演绎、实景体验、展览展出，大力推进太行一号国家风景道、精品旅游圈等建设，构建"快旅慢游深体验"系统，让游客在古堡民居里感受先贤、红色土地上接受洗礼、大山河谷内触碰历史、层层梯田中体验农耕、旅游专线上领略风情。

发展养老产业。探索发展"空气理疗 + 远程医疗"为特色的深呼吸小镇，与景区融合形成养老度假区，让"空气就是良药、呼吸就是健康"变为现实。

▲ 阳城绿道

四、全民旅游有形象

旅游形象是旅游目的地对客源产生吸引效应的一个重要的标志，也是关系旅游

▲ 薰衣草庄园

业兴衰的关键因素。在加强基础设施建设的同时，阳城县注重加强农村精神文明建设，开展了"人人都是旅游形象大使，人人都是风景代言人"活动，全方位培树"热情、淳朴、友善、诚信"的群体旅游形象。县里还组织开展培育新乡贤活动，弘扬乡贤文化，在全县农村选树了 100 多名新乡贤，用他们的嘉言懿行垂范乡里，涵养乡风文明。

旅游是一个开放的事业，既需要文化的装点，也需要宣传的激扬。在县、乡两个层面上，丰富多彩的宣传节庆活动，此起彼伏，好戏连台。连续多年持续举办国际徒步大会、农业嘉年华、"一带一路"与古丝绸之路重要货源地旅游发展论坛，产生了轰动效应，极大地提升了阳城的知名度，也进一步增强了全民的旅游意识、开放意识、健康意识。

由各乡镇举办的 50 多项节庆活动，不仅把乡村好风景摆到了人们眼前，也为其注入了文化内涵。在"悠然阳城"品牌带动下，全县乡镇农村，各显身手，培育和打造自己的旅游品牌，康养蟒河、瑰丽北留、诗意润城、云水董封、杏福演礼等一道道亮丽的文化景观可谓是百花争艳。阳城县北留镇获得"中国最美乡镇"称号，西河乡获得"全国十佳美丽宜居小镇"称号。润城镇已获得"全国特色小镇"称号，横河镇获得"中国乡村旅游最佳目的地"，东冶镇获得"中国最美绿色生态旅游明镇"称号。这是今日阳城美丽乡村的新符号、新招牌。

全域旅游，改变了乡村容颜。如今的阳城，无论是繁华的城郊农村，还是偏远的山庄窝铺，很多村庄告别了往昔简陋、脏乱的旧貌，焕发出崭新、亮丽的容颜。在此

▲ 蟒河猕猴

基础上，阳城农村按照全域旅游的要求，开始了一场精心的打造，一场美丽的"塑身"。"一带一廊一园四区"，构建起乡村旅游的"四梁八柱"，打造出"悠然阳城"的有力支撑。

全域旅游，催生了美丽经济。在发展全域旅游的过程中，阳城县立足于做好"旅游+"这篇大文章，把"种农田"变为"卖风光"，把"美丽风景"变身"美丽经济"，积极引导农民围绕休闲农业和乡村旅游全产业链创家业、创新业，有力地推动了农业供给侧结构性改革。演礼乡栅村创办的薰衣草庄园，国庆黄金周短短7天时间，接待游客达8万多人，实现综合收入300多万元。

全域旅游，使乡村成了旅游景区，曾经封闭的山区，涌来了五湖四海的游人，他们给山里人带来了新鲜的知识和信息，带来了外面世界的精彩。村民们开始自觉地学文化、学技术，开网店、晒产品、晒风景，把自己生产的产品直接推向广阔无垠的大市场。

全域旅游，带来了现代文明。农家乐，是乡村旅游的一个重要支点。阳城县委、县政府组织科级干部帮建农家乐，全县发展农家乐1200多户，拉动社会投资8000余万元，每户农家乐年平均收入3万元。在沁河岸边的润城镇上伏村，通过举办导游培训班，让20多名年轻的妈妈成为乡村旅游的宣传者、服务者，也使游客能更好地了解沁河古商道的传奇历史和文化，促进了乡村旅游的发展。

第三节　面向"城乡"协调发展

阳城县在发展全域旅游的过程中，走好"统筹协调"之路，坚持以就地城镇化为方向，以人的城镇化为核心，以造福百姓和富裕群众为目的，持续实施"田园城市、美丽乡村、产城融合、城乡一体"发展战略，加快建设宜居、宜业、宜游的"三宜"幸福家园。

一是精心打造田园城市。坚持规划先行，突出"以山为倚、以水为魂、以田为基、以林为韵、以路为脉"的整体理念，不断推进城市科学拓展和有机更新，着力构建城田相融的城市形态、山水相映的城市环境、产业相生的城市经济、人城相宜的城市生活，努力建设宜居、宜业、宜游的现代田园之城。大力发展观光果园、观光菜园、观光花园，打造大地景观，形成兼具生产、生活、生态效益的田园经济带、田园经济圈。

二是加快建设美丽乡村。坚持"干净为基、特色为魂、增收为要、农民为主"，巩固提升磨董线和北留润城、蟒河、东冶、横河连片区建设，充分发挥示范引领作用和辐射带动功能。深入实施宜居示范、农民安居、环境整治、完善提质四大工程，不断深化农村人居环境综合整治，改善优化乡村面貌。坚持因地制宜，注重乡土风味，保留乡村风貌，体现农村特点，彰显本地特色，最大限度地留住乡村千百年来传承的自然景观、生产方式、邻里关系、民风民俗等"田园牧歌式"的"乡愁"。

三是扎实推进城乡一体。实施六大"圆梦"计划，不断提高城乡发展支撑能力和保障水平。大力实施濩泽古城保护和开发利用工程，留住城市历史记忆，延续城市文脉传承，成就阳城人民的"复兴古城梦"。力促阳蟒高速、阳运高速和晋阳一级路等建设工程，形成外联内通、四通八达的交通网络，成就阳城人民的"畅通出行梦"。全面完成引沁入阳工程，积极推进磨滩水电站建设，推进农村集中供水提升工程，有效保障工农业用水和居民饮水需求，成就阳城人民的"安全用水梦"。加快推进以阳电和晋煤热电为主热源的城乡集中供热工程，有序铺开"一城七镇"配套热源和管网建设，成就阳城人民的"温馨取暖梦"。大力实施"气化阳城"战略，促进清洁能源

▲ 牡丹花开

向乡村延伸，成就阳城人民的"清洁能源梦"。加快移动通信、广播电视和互联网"三网"融合，建设"数字阳城""智慧阳城"，成就阳城人民的"智能生活梦"。

第四节　围绕"旅游"聚力共赢

加快"农旅结合、以农促旅、以旅强农"步伐。创新发展"旅游＋"等新型业态，促进全县旅游由景点游向乡村游辐射、由区域游向全域游转变、由单一观光游向多元复合游拓展、由旅游产业向三次产业融合延伸，充分发挥旅游业带动就业、富裕群众的独特作用。

第五节　突出"增收"富民强县

发展全域旅游要走好"共建共享"之路，在提升幸福指数上实现新突破。坚持以人民为中心的发展思想，进一步保障基本民生、聚焦热点民生、兜住底线民生，不断提升人民群众的获得感和满意度。

一是持续改善人民生活。不断加大财政民生支出倾斜力度，着力推进城乡基本公共服务均等化。实施精准脱贫工程。全面落实"六个精准"部署要求，大力实施"五个一批"行动计划，切实找准脱贫攻坚的着力点和发力点，将扶贫工作落到"人头"上、找到"穷根"上、扶到"点子"上、帮到"心坎"上，以决战决胜的姿态打赢这场硬仗。实施收入提升工程。认真贯彻促就业、促增收各项措施，加大创业就业扶持力度，搭建多元化就业平台，建立收入多元化增长的长效机制，不断拓宽城乡居民新的增收渠道。实施社保提标工程。全面完善覆盖城乡的社会保障体系，推进机关事业单位养老保险制度改革，实施全民参保计划，大力发展社会救助、社会福利和慈善事业。实施住房保障工程。完善符合县情的基本住房保障制度，扎实推进移民搬迁工程，继续落实好房地产调控政策措施。实施教育提质工程。坚持教育优先发展，全面提升教育质量，提高学前教育的普及水平和保教质量，加大高中教育投入，不断提升教育现代化水平。实施健康阳城工程。深化医药卫生体制改革，落实预防为主方针，推动重大疾病综合防控，深入开展全民健身运动，积极应对人口老龄化，全面实施二孩政策，稳步提高人口素质和健康水平。

二是大力繁荣文化事业。坚持以社会主义核心价值观为引领，深化中国特色社会主义、中国道路、"中国梦"宣传教育，强化舆论引导，净化网络生态，导扬社会风化，弘扬主旋律，传递正能量。全面加强社会公德、职业道德、家庭美德、个人品德和未成年人思想道德教育，持续引深文明村镇、文明单位创建，营造良好的社会风气。大力弘扬新乡贤文化，以乡情乡愁为纽带吸引和凝聚各方力量支持乡村建设、传承乡村文明。完善公共文化基础设施，均衡配置公共文化资源，建立覆盖城乡的公共文化服务体系。鼓励、支持、促进文化与经济社会融合发展，培育壮大文化产业。深度挖掘地方文化，鼓励支持文化创作，持续提升阳城文化软实力。

三是扎实推进生态建设。牢固树立"绿水青山就是金山银山"和"生态优先、绿色发展"等理念，持续加强生态建设和环境保护。大力推进"增绿"攻坚行动。持续实施"六大林业"、封山育林和天然林保护工程，加快推进矿产资源开采区生态修复，全面提升环城、环乡、环村"三环"绿化水平。大力推进"去污"攻坚行动。加强煤炭、陶瓷、化工等重点行业、重点区域污染防治和综合整治，统筹推进生态修复、环境整治、基础配套和项目建设，严防严控污染下乡。大力推进"治水"攻坚行动。全面落实最严格的水资源管理制度，持续抓好沁河、芦苇河、获泽河等主要河流的生态保护和综合治理，实施县城污水处理厂提标改造和乡村污水综合治理工程，加快建设全省生态文明传承与创新引领区、示范区。

四是全力维护社会稳定。坚持贯彻总体国家安全观，切实做到"三个坚决防止"。严守安全生产底线。从严落实"党政同责、一岗双责、失职追责"安全生产责任制，全面夯实安全生产基础，健全预防治本的隐患排查治理体系，深入开展重点行业、关键领域的专项整治，坚决防止重特大安全生产事故发生。高度重视信访工作。健全群众利益表达、协调、保护机制，加大疑难信访案件化解力度，全面打造责任信访、阳光信访和法治信访，解决好涉及群众切身利益的实际问题，坚决防止大规模群体性事件的发生。全面加强综合治理。健全公共安全保障和立体化社会治安防控体系，加强重点行业、重点部位的治安管控，严厉打击和依法惩治各类违法犯罪活动，全面深化"平安阳城"建设，坚决防止重大社会安全隐患的积累和突发。

五是推进旅游精准扶贫，打赢脱贫攻坚硬仗。扎实抓好易地扶贫搬迁工作，推进"一村一品一主体"特色产业扶贫行动，深入推进企业产业扶贫，不断增强贫困乡镇、贫困群众的造血功能。坚持"两不愁三保障"脱贫标准，严把退出关口，确保退出质量，使脱贫攻坚成果经得起考核评估、经得起群众和历史的检验。

▲ 九女仙湖

阳城全域旅游发展路径

第三章

为了促进阳城县旅游业从景点游向乡村游辐射，从区域游向全域游转变，从单一观光游向多元复合游拓展，从旅游产业向三次产业融合延伸，县委、县政府突出把发展全域旅游作为产业转型的主攻方向，致力于"一个统领、两大建设、三个融入、四个结合、五个坚持"的"12345"发展路径。

第一节　一个统领

创建国家全域旅游示范区工作开展以来，县委、县政府高度重视，建立起县委书记和县长挂帅的党政统筹领导体系，坚持顶层设计引领，精心做好全域旅游布局，为创建工作提供了组织保障。

阳城县从 2015 年起连续三年以"县委县政府一号文件"形式，先后出台《中共阳城县委阳城县人民政府关于加快以旅游为导向的美丽乡村建设的指导意见》（阳发〔2015〕1 号）、《中共阳城县委阳城县人民政府关于推进休闲农业与乡村旅游产业融合发展的实施意见》（阳发〔2016〕1 号）、《中共阳城县委阳城县人民政府关于创建

中共阳城县委文件

阳发〔2017〕1号

★

中共阳城县委
阳城县人民政府
关于创建国家全域旅游示范区的
实施意见

各乡镇党委、政府，县委各部门，县直各单位，条管各单位，各人民团体，县管各企业：

2016年，国家旅游局提出全域旅游发展战略，并把我县确定为首批"国家全域旅游示范区"创建单位之一。2017年，进入创建攻坚阶段。为强力推动全域旅游示范区创建工作，唱响唱好"悠然阳城、全域旅游"这台大戏，促进我县旅游从景点旅游模式向全域旅游模式深度迈进，培育旅游产业成为战略性

— 32 —

▲ 阳城县委县政府创建国家全域旅游示范区文件

国家全域旅游示范区的实施意见》（阳发〔2017〕1号）以及《中共阳城县委阳城县人民政府关于推进蟒河农林文旅康产业融合发展先行区建设的指导意见》（阳发〔2018〕22号）等重要文件。

2016年，阳城县委、县政府正式组建阳城县旅游发展委员会，列为政府组成部门。12月28日，阳城县旅发委正式挂牌。2017年，成立了由县委书记、县长任组长，分管领导任副组长，财政局、农委、旅发委、发改局、林业局一把手为成员的国家全域旅游示范区创建工作领导组，要求各个成员单位各司其

职，为创建工作提供了组织保障。同时，根据《阳城县创建国家全域旅游示范区的实施意见》（阳发〔2017〕1号）文件精神，将全域旅游创建工作纳入各乡镇、各部门、各单位年度目标内容，建立了纵向到底、横向到边的目标责任分解和考核体系，加强督查考核，严格奖惩兑现，确保阳城县创建"国家全域旅游示范区"目标如期实现。

2014年、2015年，阳城县先后印发了《关于在县直领导科级干部中开展"结对帮建农家乐"的实施意见》，根据文件精神，县财政投资1000余万元，给通过验收的每户农家乐补助1万元，共发展农家乐1000余户，拉动社会投资8000多万元，带动每户农家乐年均增收3万元。

2016年，阳城县印发了《阳城县人民政府办公室关于印发阳城县创建国家A级旅游景区奖励办法的通知》，对通过国家3A级、4A级、5A级评定的旅游景区，分别一次性给予100万元、200万元、300万元奖励。阳城县郭峪古城景区通过3A级

旅游景区评审，成为政策出台后第一批受益的景区。同年，阳城县印发了《阳城县旅游奖励办法》，设置了旅游团大宗业务奖、本地旅行社特殊奖、旅游直通车奖和社会宣传奖。2017年，阳城县又下发《阳城县2017年全域旅游推进计划》，对特色旅游乡镇、特色旅游村、特色乡村旅游客栈、2A级以上旅游厕所分别给予不同程度的奖励。2018年，阳城县提出了"打造全域旅游样板、争当能源革命尖兵、争做双创发展示范、当好对外开放前哨、落实乡村振兴战略"高质量转型发展战略，统筹推进幸福美好新阳城建设。

▲ 旅游厕所

▲ 古硒农场

第二节 两大建设

阳城县发展全域旅游的路径是依托县城、皇城相府、蟒河、析城山四大旅游景区，联动推进以旅游为导向的田园城市建设和美丽乡村建设。按照"美丽乡村、田园城市、城乡一体、产城融合"的构想，制定了"一园一带四区"的美丽乡村连片建设规划，全力建设"村庄秀美、环境优美、生活甜美、社会和美"的宜居、宜业、宜游的美丽乡村，让其"望得见山，看得见水，记得住乡愁，富得了百姓"。"一园"就是建设以县城为核心，打造总面积20平方公里的特色田园城市；"一带"就是建设东起磨滩、西至董封串珠成链的美丽乡村休闲带，涉及103个村80平方公里；"四区"就是沁河芦苇河明清古堡区、横河析城山山地景观区、蟒河生态休闲区和县城周边郊野体验区，涉及126个村600平方公里。目前，阳城县已经推出了北留润城片区的"古堡古村落访古游"、东冶片区的"沁河漂流激情游"、蟒河片区的"亲近自然休闲游"、横河片区的"山里人家自助游"四条旅游线路。

一、田园城市建设

瞄准"现代田园城市"的目标定位，按照"核心板块支撑、快捷交通连接、优美小镇点缀、田园农业衬托"的建设理念，加快形成"城在田中、园在城中、相互交融"的独特城市风貌。"核心板块支撑"，就是全力打造凤城主核心板块和西河、演礼、白桑三个次核心板块，形成四大板块共同支撑、相互补充、互相映衬的城市格局。主核心板块要坚持"复古城、改旧城、建新城"的思路，增强城市的承载力和宜居度。三个次核心板块要按照"五规合一"功能定位，增强城市发展的支撑力和竞争力。"快速交通连接"，要形成快捷的城市间交通线。"优美小镇点缀"，要培育创建一批环境优美、生态宜居、设施完善、特色鲜明的优美小镇，进一步增强城市的魅力和吸引力。"田园农业衬托"，就是充分发挥独特的山水田林优势，大力发展现代农业示范、加工、特色种植、农业休闲、农业创意等产业形态，构建农业生态田园景观，展示城市浓郁的田园风情。

田园城市重抓"三圈"。一是连接县城五大森林公园 50 公里长的"城市绿道休憩

▲ 碧绿源开心农场

生态圈"，在已建成 10 公里城市绿道的基础上，进一步完成剩余 40 公里的绿道建设任务，同步在沿线周边进行经济化、生态化、景观化打造；二是沿美韵公园经凤西公园至西河霍山的"田园经济生态圈"，沿线打造田园小镇 18 处、景观节点 20 处，建成规模化、产业化现代农业 1 万亩，并积极谋划建设桑葚基地、影视基地和农业文化博物馆；三是围绕建设环演礼工业园区 10 公里"工业经济生态圈"，推进剩余 2 公里长的环线道路工程和沿线绿化建设。

二、美丽乡村建设

按照"科学规划布局美、村容整洁环境美、创业增收生活美、乡风文明身心美"的目标要求，描绘美丽乡村新画卷。以乡村景区化为导向，以提高农民生活品质为目标，错位化谋划、差异化发展、特色化推进，努力打造乡乡有特色、村村有美景的幸福乡村。

持续巩固提升磨董乡村旅游公路产业景观带沿线和北留润城、蟒河、东冶、横河乡村连片区建设，促进美丽乡村建设串点成线、连线成片、整体推进。做足做好"产业 + 文化 + 景观"文章，精心培育一批各具特色、富有活力的古堡民居、商贸物流、休闲农业、生态经济等特色小镇，高标准打造乡村旅游目的地。深入实施宜居示范、农民安居、环境整治、完善提质四大工程，认真落实新一轮改善农村人居

▲ 小尖山

▲ 中庄布政李府

环境行动计划，大力开展农村厕所革命，探索建立长效保洁机制，切实巩固垃圾不落地成果。

坚持最大限度留住千百年传承下来的自然景观、生产方式、邻里关系和良好民俗，巩固放大"一带四区"建设成果，引领带动全县各乡镇按照因地制宜注重乡土味道、错位发展彰显本地特色的思路，从"发展一业、打造一景、建设一村"入手，全面推开美丽乡村建设。要坚持"干净为基、特色为魂、增收为要、农民为主"的基本理念，切实巩固垃圾不落地成果，认真落实新一轮改善农村人居环境行动计划，启动农村厕所革命，探索建立长效机制，开展"十大最美旅游村"和"十佳美丽宜居示范村"评选活动，全力打造家园美、田园美、生态美、生活美的"四美"乡村。

第三节 三个融入

一、加速融入晋豫陕冀旅游圈

地处太行、太岳、中条三山交会处的阳城县，是一个历史悠久、资源丰富、自然风光秀美、历史文化底蕴深厚的内陆县城。这里有以皇城相府为代表的古堡民居资源，有以南部山区为重点的自然山水生态资源，还有以商汤文化为核心的历史文化资源。

▲ 花烂漫果醋

晋豫陕冀是全国旅游资源的富集地，也是全国重要的旅游消费人口集中地，同属于中华文明的发祥地，历史文化旅游资源具有统一性。

阳城县位于山西省东南端，与河南省紧密相连，与陕西省、河北省遥相呼应，车程均在半日之内，交通方便，多条高速公路穿越。加强与周边区域的联系和合作，积极融入山西、河南、陕西、河北旅游圈，共同打造华夏文明历史文化旅游圈，努力实现优势互补、联动发展。

二、加速融入旅游产业区

在旅游开发过程中注重旅游开发与产业发展并重，注重旅游景区建设与产业园区建设并重，注重旅游产业与一、二、三产融合发展，注重把群众的利益与旅游发展紧密联系起来，使旅游成为促进当地产业转型升级的带动因素。

2014年年初，阳城县委、县政府以崭新的发展理念，实施"一产突出抓蚕桑，二产突出抓陶瓷，三产突出抓旅游"的发展战略，把旅游业上升到产业转型、经济可持续发展的战略高度来谋划。在这个战略框架下，全县"围绕旅游抓农业，围绕农民抓旅游"，把种农田变为卖风光，把美丽风景变身美丽经济，全力打造"悠然阳城"品牌，充分挖掘传统的商汤文化、农耕文化、红色文化、廉政文化和蚕桑文化优势资源，并与旅游产业高度渗透，给旅游注入生机和活力。

在皇城相府、蟒河、天官王府等景区的示范带动下，阳城的旅游产业步入一个崭

▲ 皇城相府

新阶段。2013 年，阳城县被列为全省"美丽乡村"连片区建设试点县，在全省率先展开了景区建设与美丽乡村连片区建设相融合的先行实践。阳城县委、县政府依托现有旅游发展格局，制定了以"一带四区三圈"连片区建设规划。"一带"，即东起磨滩、西至董封，串珠成链的美丽乡村休闲示范带；"四区"分别是：沁河芦苇河明清古堡区、横河析城山山地景观区、蟒河生态休闲区、阳城周边郊野休闲区；"三圈"是指田园经济生态圈、工业经济生态圈、城市绿道休憩生态圈，各具特色。如今，"一带四区三圈"正同步建设、同步推进，成为阳城全域旅游的最佳承载体。如今，在阳城这片古老的获泽大地上，一个多元业态、多业互动、城乡一体、产城融合的全域旅游恢宏图景正徐徐展现，渐成燎原之势，"悠然阳城"闻名遐迩。

因地制宜发展休闲农业。坚持"围绕旅游做农业、围绕农民抓旅游"的基本思路，将旅游元素植入农业，大力发展休闲农业，赋予农业旅游功能。适应现代居民消费需求，突出以农耕文化为魂，以美丽田园为韵，以生态农业为基，以创新创造为径，以古朴村落为形，将休闲农业与现代农业、美丽乡村、生态文明、文化创意产业建设融为一体，推动产业融合发展，促进种农田向卖风景转变。围绕打造"中国农业公园"，启动演礼、固隆、次营高效农业生产园区建设，加快推进以次营镇为核心的现代农业科技示范园建设，筹划举办"首届阳城农业嘉年华——农创汇"活动，为休闲农业发展闯开路径、积累经验。

培优树特壮大优势产业。坚持"人无我有、人有我优、人优我精"的发展方向，持续发展蚕桑、畜牧、干果经济林、食用菌、中药材、小杂粮等生态农业、绿色农业、有机农业。结合各乡镇资源禀赋、种植传统，重点抓好驾岭乡红苗谷众筹实验园、河北镇油用牡丹示范基地、润城镇贡菊观赏园、东冶镇山区油菜花创意庄园、蟒河镇中医药养生谷发展，统筹提升特色产业规模化水平。立足阳城县优质农产品优势，加强绿色有机无公害产品质量认证，积极申报"阳城小米""阳城核桃"等地理标志，提升特色品牌竞争力。同步加

▲ 环城凯斯顿酒店

强与北京门头沟区的合作，让阳城土特产品走进北京、走向全国。

强基固本稳定粮食生产。毫不动摇地绷紧粮食生产这根弦，严格落实粮食补贴、良种补贴、农资综合补贴等国家强农惠农政策，积极开展政策性种植业保险，加强农业自然灾害救助和农业风险补偿，保护和调动农民种粮积极性。实施粮食高产创建、高标准农田建设项目，推进秸秆还田、测土配方、地膜覆盖、病虫害防治等实用技术，提高土地产出率，确保正常年景全县粮食总产稳定在 1.4 亿公斤以上。

▲ 阳城农业嘉年华

▲ 阳城小米

多元融合创新经营模式。扶持发展专业大户、家庭农场、农民合作社等新型经营主体，实现适度规模经营。引导农业企业采取保底收购、股份分红、利润返还等方式，与农户建立紧密的利益联结机制。落实农村土地集体所有权，稳定农户承包权，放活土地经营权，推广经营权入股、经营权信托、土地托管等流转方式，大力发展"互联网＋现代农业"，培育以电子商务为主要手段的新型业态，推进互联网与农业生产、流通、管理、服务深度交融。

三、加速融入农民增收圈

全域旅游重在利民惠民。阳城县坚持把农民作为基本主题，最大限度调动农民积极性、主动性和创造性，让农民真正得实惠。在推进旅游开发过程中，注重让当地老百姓通过旅游业能够直接或间接获益，充分发挥旅游业带动就业、富裕群众的特殊作用。咬定农民增收这一目标，发展休闲农业、壮大特色农业、提升传统农业，围绕挖掘农业内部增收潜力，拓宽农业增效路径，探索推进农业供给侧结构性改革，着力构建农业与二三产业融合发展的现代产业体系。

扶持发展特色农副产品和旅游纪念品，相继开发出蚕丝被、相府蜜酒、润城枣糕、绿色小米、蟒河山萸酒等系列产品。2015 年，全县农民从休闲农业和乡村旅游中人均增收约 1100 元。老牌景区皇城相府、蟒河同样抓住全域旅游契机，不断求新求变。皇城相府通过实施"相府+"发展战略，推动旅游业与服务业、文化、金融、现代农业、新型工业等产业深度融入，丰富旅游业态，延伸产业链。蟒河景区充分发挥龙头作用，带动周边村庄改善环境，发展特色农家乐，推动山萸、木耳、蜂蜜等农副产品深加工，既丰富了旅游业态，拉长了产业链条，还引来了更多游客，促进了农民增收，形成了良性循环。

在把知名景点打造成全域旅游重要节点的同时，一些没有景区的地方也需要因地制宜找准自己的特色，山水风光、风俗历史、土特产品甚至村容环境皆可成为特色。驾岭乡红坦腰村拿绿色蔬菜做卖点，同样能吸引游客。再如驾岭乡正在打造万亩红苗谷，就很漂亮、很有看头。

横河镇麻地村的刘郭林就是受益者。麻地村是析城山脚下的一个小山村，也就160 多口人。随着游客日益增多，刘郭林将家里闲置多年的老房子进行改造，于 2014 年率先在村里开起了农家乐，有 50 多张床位，还能容纳 70 多人同时就餐，一年轻轻松松挣 20 万元。最让刘郭林高兴的是，外地游客多了，小米、核桃等农产品价格也高了，还供不应求。

▲ 旅游商品

磨滩这个只有 190 多人的小山村，竟然有 63 个农家乐登记在册。这里的农家乐水、电、暖、网应有尽有，年收入多的能达到 6 万元，少的也有三四万元。

借着好政策、好机遇，群众乘势而上，不仅食宿一体的农家乐遍地开花，还把特有农产品、传统手工艺品变成附加值高的旅游商品，颇受游客欢迎。在横河镇中寺村，老艺人手工打磨的红石磨成为稀罕物，成了游客家中的装饰摆件。

对于每一位阳城人来说，都是全域旅游的直接受益者。阳城县委、县政府连续两年在春节期间推出"旅游惠民过大年"活动，就是让全县近40万百姓以及阳城籍在外工作人员，在春节期间，凭身份证免费在阳城各大景区旅游观光，这一惠民政策，不仅激发了全民旅游的热情，更为阳城全域旅游增添了一抹温暖人心的魅力。

▲ 阳城小吃——小米煎饼

干净整洁的旅游环境是全域旅游的基本标准，舒心方便的人居环境是当地群众的殷切期盼。为此，阳城县抓住全域旅游的契机，大力提升农村环境，投资3800余万元

▲ 旅游纪念品商店

进行农村环境治理，基本实现"垃圾不落地"全覆盖；启动"厕所革命"，在磨董旅游公路沿线新建和改造景观式厕所；推进集中供热，惠及县城和8个乡镇22万人……

第四节　四个结合

一、文旅结合

阳城县以"中国古堡民居第一县"创建为载体，争取上级资金1亿元，引导社会资金4亿元，对砥洎城、郭峪古城、下交汤帝庙等国保文物以及南安阳潘家庄园、中庄李家大院等124处古民居、古城堡、古庙宇进行保护修缮。并深入挖掘远古文化、商汤文化、红色文化、廉吏文化、民俗文化，开发建设海会书院、杨继宗故居、索泉岭全县第一个党支部旧址、坪泉抗日民主政府旧址等景点，充分展示阳城悠久深厚的文化底蕴及文化内涵。

二、农旅结合

顺应人们"有了温饱更要环保、有了小康更要健康"的生活追求，加快发展蚕桑、干果、小杂粮等具有阳城特色的生态农业、绿色农业、有机农业。由财政投资近1000万元，扶持发展具有乡土风貌、农家特色的农家乐近1000户，拉动社会投资8000多万元，带动每户农家乐年均增收3万元。举行的"农业嘉年华——农创汇"目前正集中筹办中。另外在演礼、固隆、次营3个乡镇将启动建设"中国农业公园"，促进休闲农业和乡村旅游上档升级。

三、体旅结合

围绕体验式旅行等现代旅游新风尚，积极在休闲、体验等方面做文章，组织开展了第二届全国摩友聚会、首届越野汽车竞技大赛、北京目标行动自驾车（品牌）联盟踩线等活动。成功举办了"首届中国阳城（国际）徒步大会"，取得了良好的效果。

四、网旅结合

通过阳城旅游资讯网、"悠然阳城"微信公众等互联网平台向外宣传推介阳城，

▲ 郭峪古城

▲ 蟒河山茱萸红了

▲ 相府庄园酒店

借助同程网、南北游、美景网等专业旅游网站启动网上预订门票平台，进一步推动网络与旅游发展互促互进。同时，还组团参加了昆明"首届中国国际生态文化旅游品牌推介与旅居地融资大会"、北京"北大荒知青旅游界志愿者委员会工作会议"等系列促销活动，进一步提升了阳城旅游的知名度和美誉度。

为加大旅游景点的知名度，阳城县充分利用电视网络的传播性。电视剧《白鹿原》，微电影《皇城假日》《美丽乡村那些事》，栏目《乡村大世界》《百部少年英才片》等均在阳城县拍摄取景，对扩大阳城县乡村旅游的知名度和影响力都起到了不可估量的作用。此外，为扩大阳城县旅游影响力，为游客提供的信息真实、可靠和新鲜，阳城县旅游局建网站、建微信公众平台，定时更新旅游消息，给游客推送阳城县旅游新闻、景区景点介绍、重大节庆活动、乡村旅游文化活动等。阳城县与时俱进，网络平台的搭建和完善加大了旅游景点的传播力度和知名度，为吸引更多的潜在游客做出了努力。

第五节　五个坚持

一、坚持基础建设先行

全域旅游全在基础设施完善。阳城县不断加强旅游交通网络建设。阳济高速正在

▲ 阳城县城立交桥全景

兴建，通用机场建设已经启动，2018年年底完成高速公路两条出口连接线，连接北留、润城东北片区22公里的旅游环线，横邵公路实现全面通车运行。按计划推进太行一号国家风景道（阳城段）建设和东北片区旅游环线建设，主线已列入市级PPP项目。加快厕所建设，提升旅游品质。全县新建、改建旅游厕所80座。完善旅游标识体系覆盖，开展了县道以上（包括旅游专线）主要路口旅游标识标牌全覆盖工程，新增113个安装点138个版面。开通多趟旅游公交连接县城、乡镇和各个主要景区景点，基本满足了游客的出行需求。积极推动智慧旅游建设，加大平台宣传推广力度，基本实现了无线网络、智能导游、电子票务、信息推送等全覆盖。

二、坚持龙头景区引领

发展全域旅游，骨干景区引领是关键，要对龙头景区进行全面深化改革，推动景区建设提档升级。2018年，重点推动皇城相府与山西文旅集团云游山西股份公司联行打造夜游体验项目建设，实景剧《再回相府》已于10月1日正式上演；推进蟒河景区游客服务中心外迁项目，全力打造蟒河农、林、文、旅、康融合发展创新示范区。

三、坚持全域全民推进

在搭建全域旅游大格局的基础上，铺开凤城陶瓷、润城灯笼、北留古堡、固隆探源、幸福演礼、山地横河6个特色小镇，中庄棋盘古院、古硒农场客栈、机车驿站、水云轩客栈、天道农家养生园、碧绿源开心农场、孤堆底古村驿站等9处休闲农庄，

10座2A级以上旅游厕所的筹建。提升29座民俗客栈，打造河阳商道古镇、智和农庄2个3A级旅游景区，加大对旅游资源的保护力度，完成全县文化旅游资源普查建档工作。加大投资力度，在重点景区如蟒河、析城山、皇城相府等地周边村落进行村内环境综合整治、道路修建、观光项目建设、农家乐改造等工作。积极开展"民宿（农家乐）"和"采摘园"标准化创建工作，全县共推动27个特色民俗村发展，其中中庄布政李府民宿、孤堆底古村驿站民宿、南梁中华寿桃采摘园申报为省级重点项目。

四、坚持宣传营销并重

按照"大旅游、大市场、大产业"的理念，明确市场定位，从周边城市入手，持续开展"悠然阳城·康养胜地""美丽乡村休闲游"为主题的全媒体宣传，通过举办品牌赛事、节庆活动，让"悠然阳城·康养胜地"品牌走出阳城、走出山西、走向全国。已经连续成功举办了3届春秋两季中国阳城国际徒步大会，1届中国太行蟒河猕猴文化节，4届全国阳城商汤文化研讨会、3届农业嘉年华、"析城山杯"全国山地自行车赛以及首届东西方古堡高层论坛、东方古堡文化节等重大节庆活动。各乡（镇）、各景区也开展了丰富多彩的节庆活动。举办高频次的旅游推介活动。大范围进行实体宣传。把阳城景区景点以及乡镇文化旅游节庆活动打包，策划制作"悠然阳城全域旅游"宣传册。与携程、去哪儿、美团等旅游网络平台建立了网络营销，初步实现了网络预订，推行线上线下互动体验营销，形成多渠道、高密度的叠加效应。发挥广播电视、报纸杂志等传统媒体推广平台作用，专

▲ 蟒河猕猴文化节

▲ 八音会

题与新闻相结合，制造吸引游客、吸引媒体感兴趣的兴奋点，大篇幅、大手笔跟进宣传阳城全域旅游。借力在外工作阳城人的家乡情怀，推介阳城旅游景区、特色产品，借口碑吸引周边的人来阳城旅游。找准文旅融合契合点，纵深推进文旅融合。与全国知名影视公司、艺术院校等合作，在皇城相府、天官王府等景区建立影视创作、摄影、美术、书画写生基地。

五、坚持体制机制创新

建立健全旅游综合执法机制，着力推进"1+3+N"旅游警察、旅游工商分局、旅游巡回法庭机制建设，加强行业监管和联合执法，建立全县旅游投诉统一受理平台，协同公安、发改、工商、食药、宗教、经信、交通运输等部门，重点对旅行社团队规范操作、旅游景区门票价格公示、旅游标识系统，优惠政策的执行情况以及景区投诉处理机制和机构的建立等情况进行督查，保障旅游市场有序运行。搭建统一对外宣传营销平台，组建阳城县阳晟文化旅游有限公司，充分发挥市场化融资渠道、投资理念、项目建设和运营管理优势，把得天独厚的文化旅游资源优势转化为具有竞争力的产业优势、发展优势，推动阳城文化旅游产业转型发展。通过组建联村党支部由皇城集团整合周边乡村景区，形成一体化的经营模式，带动了多个景区共同发展。充分发挥骨干景区带动作用，指导景区周边的乡村开展乡村旅游建设。皇城相府集团成立了山西皇城相府文化旅游有限公司，对所属景区（点）实行统一管理、统一营销、统一协调、统一人事、统一财务审核管理。

　　阳城县发挥自身旅游资源突出、服务体系完备和毗邻城区的区位优势，积极做大、做响太行山旅游品牌，将皇城相府的太行古堡文化、九女仙湖的太行山水风光、蟒河的太行生态文化、横河镇红色旅游文化、中华名山析城山的中华文化融入大太行旅游板块，打造太行旅游的南大门，建设"太行旅游名城"，争做山西旅游发展的第一方阵，打造"生态美，百姓富，县域强"的国家级旅游目的地。探索出一条"党政统筹引领，基础设施先行；核心景区支撑，全域建设推进；宣传营销并重，产品产业共兴；引资引智同步，体制机制创新；十个围绕聚力，县域百姓双赢"发展全域旅游的"阳城实践经验"。

第一节　党政统筹引领，体制机制创新

　　创建工作开展以来，阳城县委、县政府高度重视，建立起县委书记和县长挂帅的党政统筹领导体系。坚持顶层设计引领，精心做好全域旅游布局，科学编制《阳城县全域旅游发展规划》。将全域旅游创建工作纳入全县各单位年度目标考核体系，以规

▲ 皇城新村

划科学引导和约束旅游项目和各产业体系建设。

2016 年组建阳城县阳晟文化旅游有限公司，充分发挥市场化融资渠道、投资理念、项目建设和运营管理优势，把得天独厚的文化旅游资源优势转化为具有竞争力的产业优势、发展优势，推动阳城文化旅游产业转型发展。皇城相府集团成立了山西皇城相府文化旅游有限公司，对所属景区（点）实行统一管理、统一营销、统一协调、统一人事、统一财务审核管理。建立健全旅游综合执法机制，着力推进"1+3+N"旅游警察、旅游工商分局、旅游巡回法庭机制建设，加强行业监管和联合执法，建立全县旅游投诉统一受理平台，协同公安、发改、工商、食药、宗教、经信、交通运输等部门，重点对旅行社团队规范操作、旅游景区门票价格公示、旅游标识系统，优惠政策的执行情况以及景区投诉处理机制和机构的建立等情况进行督查，保障旅游市场有序运行。

第二节　基础设施先行，公共服务保障

一、基础设施先行

完善旅游交通网。阳济高速正在兴建，通用机场建设已经启动，2018 年年底完

成高速公路两条出口连接线，连接北留、润城东北片区 22 公里的旅游环线，横邵公路实现全面通车运行。按计划推进太行一号国家风景道（阳城段）建设和东北片区旅游环线建设，主线已列入市级 PPP 项目。加快厕所建设，提升旅游品质。全县新建改建旅游厕所 80 座。完善旅游标识体系覆盖，开展了县道以上（包括旅游专线）主要路口旅游标识标牌全覆盖工程，新增 113 个安装点 138 个版面。开通多趟旅游公交连接县城、乡镇和各个主要景区景点，基本满足了游客的出行需求。积极推动智慧旅游建设，加大平台宣传推广力度，基本实现了无线网络、智能导游、电子票务、信息推送等全覆盖。

二、公共服务保障

在搭建全域旅游大格局的基础上铺开凤城陶瓷、润城灯笼、北留古堡、固隆探源、幸福演礼、山地横河 6 个特色小镇，中庄棋盘古院、古硒农场客栈、机车驿站、水云轩客栈、天道农家养生园、碧绿源开心农场、孤堆底古村驿站等 9 处休闲农庄，10 座 2A 级以上旅游厕所的筹建。

提升 29 座民俗客栈，打造河阳商道古镇、智和农庄 2 个 3A 级旅游景区，加大对旅游资源的保护力度，完成全县文化旅游资源普查建档工作。加大投资力度，在重点景区如蟒河、析城山、皇城相府等地周边村落进行村内环境综合整治、道路修建、观光项目建设、农家乐改造等工作。积极开展"民宿（农家乐）"和"采摘园"标准化创建工作，全县共推动 27 个特色民俗村发展，其中中庄布政李府民宿、孤堆底古村驿站民宿、南梁中华寿桃采摘园申报为省级重点项目。

▲ 农庄采摘

▲ 皇城相府舞龙打铁花

第三节　核心景区支撑，旅游要素配套

　　发展全域旅游，骨干景区引领是关键，要对龙头景区进行全面深化改革，推动景区建设提档升级。全县景区体制机制改革基本完成。2018年，重点推动皇城相府与山西文旅集团云游山西股份公司联行打造夜游体验项目建设，实景剧《再回相府》已于10月1日正式上演；推进蟒河景区游客服务中心外迁项目；通过组建联村党支部由皇城集团整合周边乡村景区，形成一体化的经营模式，带动了多个景区共同发展。充分发挥骨干景区带动作用，指导景区周边的乡村开展乡村旅游建设。

第四节　品牌建设引领，宣传营销并重

一、品牌建设引领

　　按照"大旅游、大市场、大产业"的理念，明确市场定位，从周边城市入手，持续开展"悠然阳城·康养胜地""美丽乡村休闲游"为主题的全媒体宣传，通过举办

品牌赛事、节庆活动，让"悠然阳城·康养胜地"品牌走出阳城、走出山西、走向全国。已经连续成功举办了3届春秋两季中国阳城国际徒步大会，1届中国太行蟒河猕猴文化节，4届全国阳城商汤文化研讨会、3届农业嘉年华、"析城山杯"全国山地自行车赛以及首届东西方古堡高层论坛、东方古堡文化节等重大节庆活动。各乡（镇）、各景区也开展了丰富多彩的节庆活动。举办高频次的旅游推介活动。大范围进行实体宣传。把阳城景区景点以及乡镇文化旅游节庆活动打包，策划制作"悠然阳城 全域旅游"宣传册。

二、宣传营销并重

与携程、去哪儿、美团等旅游网络平台建立了网络营销，初步实现了网络预订，推行线上线下互动体验营销，形成多渠道、高密度的叠加效应。发挥广播电视、报纸杂志等传统媒体推广平台作用，专题与新闻相结合，制造吸引游客、吸引媒体感兴趣的兴奋点，大篇幅、大手笔跟进宣传阳城全域旅游。借力在外工作阳城人的家乡情怀，推介阳城旅游景区、特色产品，借口碑吸引周边的人来阳城旅游。找准文旅融合契合点，纵深推进文旅融合。与全国知名影视公司、艺术院

▲ 山地自行车比赛

▲ 相府庄园酒店

校等合作，在皇城相府、天官王府等景区建立影视创作、摄影、美术、书画写生基地。

第五节　产品产业共兴，全域建设推进

一、产品产业共兴

　　为打造 4.0 版皇城相府，与山西金控旗下的中合盛资本、北京左驭投资管理公司合作，开发皇城相府核心景区夜游项目、文创产品开发和商业街运营提升，启动"康熙字典"微型实景剧建设。立足地域特色，挖掘文化遗产，创新培育，精心开发出一系列旅游产品，高妆花馍、源源醋业、析城小米、相府蜜酒、康熙字典、侨枫陶瓷、美丹梦蚕丝被、绿洲大麻、帅源饮品、蟒河山泉、诚源铁器等旅游商品成为当地知名产品。

二、县域百姓双赢

　　开展旅游扶贫，加快实现贫困村到特色"民俗村"的美丽蜕变。根据阳城县委、县政府扶贫工作分工要求，在贫困村推进旅游扶贫工程。直接带动全县旅游从业人员

▲ 秋到横河

达到 5000 人，间接带动就业人员 24000 人。截至 2018 年 10 月底，2018 年全县共接待游客 1052 万人次，实现旅游收入 100.21 亿元。通过发展旅游，调整产业结构，强化县域经济，造福千家万户，让全县人民在发展全域旅游的过程中得到实惠，县委、县政府提出的"生态美、百姓富、县域强"的宏伟目标变成现实。

第六节　十个围绕聚力，引资引智同步

一、十个围绕聚力

各行各业共同打造以旅游为中心的全域旅游发展环境，形成了"一产围绕旅游调结构，二产围绕旅游出产品，三产围绕旅游搞服务，交通围绕旅游上档次，城建围绕旅游树形象，林业围绕旅游出景点，文化围绕旅游创特色，宣传围绕旅游造声势，政法围绕旅游保平安，各行各业围绕旅游聚合力"的环境和旅游发展态势。

二、引资引智同步

坚持"走出去，引进来"并重，开展招商引资：与深圳华侨城签订了旅游合作协

议，深圳华侨城以"保存量、分增量"的形式，3年对阳城县投资20亿元。推进与山西文旅集团、北京东方园林集团、上海利寿集团的合作洽谈。与北京山海集团就卧龙湾景区达成合作意向，投资总额8000万元。与太原红源地产开发有限公司就蟒河康养度假中心项目达成合作意向，投资总额6000万元。在招商引资的同时，引进旅游管理团队，进行托管经营。

▲ 蟒河

旅游产业是指为围绕旅游活动所涉及的食、住、行、游、购、娱活动提供一系列服务的产业系统。旅游产业体系涉及与旅游业相关的不同行业和领域，凡与人们的旅游行为和旅游消费相关的产业，都可列入旅游产业体系。阳城县发展全域旅游可按照"历史、文化、生态"三大核心旅游资源打造不同类型旅游产业集群，与不同类型相关产业相互融合，由工业旅游、农业旅游、商贸旅游、会展旅游、文化娱乐、旅游地产业等不同类型的旅游综合体组成的产业体系，同时建立包括交通、住宿、餐饮、导游、信息、调度、金融、集散、安全、监督等功能完善的综合服务支撑体系。形成"三位一体"的旅游产业体系，并在优化产业结构的追求中提高旅游产业体系的整体素质，以谋求旅游经济整体功能的最大化。

第一节　以品牌文化力打造核心功能产业体系

要想提高阳城的旅游竞争力，就要从品牌形象入手，塑造符合当地资源和文化的独具特色和优势的形象，吸引潜在的旅游者并在旅游者心目中留下持久深刻的印象。

▲ 五彩河

另外，品牌对于全域旅游的发展起到一种积极的作用，这种"作用"实质上是一种文化力，即凝聚力、吸引力和辐射力。良好的独具特色的旅游品牌能够激发居民热爱、宣传和建设阳城县的热情，即凝聚力。又能把周边和更远的消费者吸引过来，为自己的城市增加吸引力。阳城县旅游品牌的定位越准确、特色越突出、内涵越丰富、认同性越大，其对外辐射力就越强。

旅游核心功能产业要以阳城县独特的历史、文化、生态旅游资源为基础，以三大品牌打造三大旅游产业集群。一是以历史文物资源古堡民居为载体的"人文观光旅游产业集群"，包括皇城相府、汤帝庙、郭峪古城、砥洎城等。二是以远古文化传说析城山为载体的"远古文化旅游产业集群"，包括析城山、云蒙山、小尖山、鳌背山、五斗山、杨柏大峡谷等。三是以四季分明山川河湖为一体的生态资源为载体的"避暑旅游产业集群"，包括蟒河生态旅游区、卧龙湾度假区等，游山玩水，亲近自然。

▲ 海会寺

　　阳城县要将全域旅游的招牌打响，就需要一个响亮且独特的名片。阳城县要使"悠然阳城"走出山西，与全国其他旅游大县有可以一争的实力，就得利用大景区引领加快景区景点建设。将"人文观光旅游产业集群"中的皇城相府作为招牌，不断拓展旅游项目、丰富旅游内容；做活节庆营销、增加综合收入；通过走出去推介和请进来踩线来拓宽市场；建设监控指挥中心，确保景区无死角；标识标牌上档升级，实施景区标准化；加大三级市场宣传营销。这种种措施一方面可以巩固提升皇城相府骨干景点的地位，另一方面捆绑皇城相府的九女仙湖、海会寺等都有更大的可能性吸引更多的游客。还要提高皇城相府和周边景点的交通通达性，提高该旅游产业集群的整体性，做实"人文观光旅游产业集群"的噱头。

　　"析成山远古文化游产业集群"的核心景区理所当然就是析城山。析城山的宣传点有很多，它既有远古文化的神秘，也有红色文化的热血，山上的景色又美不胜收。析城山、云蒙山、小尖山等山山相连，层峦迭起，一眼望去天山相连，非常适宜写生等艺术性活动，当然也适合其他的亲近自然的行为。这个旅游产业集群在进行宣传时要体现文化的可理解性和风景的可参观性。

　　"避暑旅游产业集群"的核心景点是蟒河生态旅游区。蟒河景区要做的主要是积极开展市场营销，举办各类活动，丰富景区内容，提升游客接待量。还需做好流转土地上种植的农作物进行售卖，同时要开拓思路，找方法，求合作，增加景区内游乐娱

▲ 云蒙山

乐等项目，积极开展各类特色活动，打造蟒河独特魅力。另外，"避暑康养"的标签一定要宣传出去。蟒河生态旅游区、卧龙湾度假区等地方流水潺潺，在盛夏就是避暑的好去处，"避暑"可作为重要的宣传点。

第二节　以价值创造力形成相关产业融合体系

旅游产业的渗透性决定了其产业融合的必然趋势，旅游产业与其他产业进行渗透与融合表现在旅游产业融合产品的多样化。以农业旅游为例，它是典型的旅游业和第一产业融合的产品，在拓展旅游资源的同时也使农业焕发新的活力。旅游产业融合的产品多样化的另一个原因是旅游产业融合具有多种模式。具体到阳城县，旅游产业可以分别与第一产业、第二产业、第三产业进行融合，催生新的旅游景观。

旅游业与第一产业融合，发展独具特色的休闲农业。阳城县旅游业与农业融合可以从以下四个方面进行：一是立足"一乡一特"，加快调整农业结构。强化"农旅结合、以农促旅、以旅强农"理念，以农牧结合、农林结合、循环发展为导向，调整优化农业种植、养殖结构，发展桑蚕、干果等无公害、绿色、有机农业，建成一批集观光、休闲和体验为一体的农业休闲体验园。二是立足生态效益、景观效益、经济效益三位一体，在"一带一廊四园区"以油用牡丹、贡菊、油葵等为主，建设一批规模连片且有强烈视觉冲击效应的集群化大地景观；发展种养结合的循环农业，打造一批种、养、游于一体的生态循环农业示范园；发展小麦和油菜花打造的农田艺术景观、阳台农艺等创意农业。三是立足示范带动，2016年每个乡镇通过实施一个重点项目。引领结构调整，促进农旅融合发展。四是立足转型发展，引导扶

▲ 农庄采摘

▲ 中寺村

持企业、社会资本进军休闲农业领域进行企业化经营管理，发展一批集生态农业、观光农业、设施农业、体验农业于一体的综合性农业。

旅游业与第二产业融合，发展具有人文教育意义的工业旅游。阳城县曾经也是依靠煤炭的资源型经济，那就必然留下了很多废弃工厂和矿山。旅游业与第二产业的融合主要有三个方面：旅游设施研发、旅游商品加工业和工业旅游。其中，旅游设施作为旅游活动不可或缺的载体，建设低碳旅游设施是促进二者融合的重要途径。旅游商品作为旅游的纪念品，具有纪念性，如果能研发出具有吸引力的旅游商品，也能促进本地各种农副土特产品的深加工，带动食品加工业和中小微企业的加工业转型。也可以把一些工地就地转化成工业旅游基地，不仅具有文化教育功能，还可以发展体验休闲产业。

旅游业与第三产业融合，发展创意旅游。旅游与第三产业的融合，就是要竭尽全力在文化创意和科技信息两方面突出旅游产业的存在性且拓展就业空间。旅游业内部的融合，就是要紧密围绕"食、住、行、游、购、娱"旅游六要素，提升旅游消费能力。旅游业与第三产业的融合中最具代表性的是与文化产业和现代信息技术融合。与文化产业融合具有地方性，每个地方的文化都有独特的魅力，而且这些文化资源转化成旅游资源的周期很短，成本也小，在保证合理融合的原则下还为当地创收，可以说是一举两得。与现代信息技术融合则主要表现在旅游的管理模式上，创意低碳模式是

在全面启动智慧旅游目的地和智慧旅游节点（景区、社区、饭店）建设的基础上，完善网络旅游技术平台，提升网络自助旅游，倡导网络低碳营销和网络低碳购物，实现旅游智能管理模式，最大限度地节约管理成本和人力资本。

第三节　以服务保障力构建智慧服务产业体系

阳城县旅游产业支撑服务体系建设要围绕"交通、住宿、餐饮、信息、调度、集散、导游、金融、安全、监督"十个方面构建全面系统的智慧旅游服务体系。旅游服务支撑体系是旅游业发展的重要保障，为游客提供良好的基础服务设施，满足游客旅游过程中的各种需要，增强游客的旅游参观欲望，解决游客旅游过程中的各种困难，有助于推动旅游产业的进一步发展。并且充分运用信息化、网络化、数字化技术提升旅游服务的质量，打造"智慧旅游"服务体系，推动旅游资源与信息资源的深度融合与开发，并服务于游客、市民、旅游企业、政府管理部门等面向未来的新型旅游业态。

旅游支撑服务产业体系	主要服务项目
交通运输	公路、铁路、水路及航空运输
信息传输	互联网信息服务、电信、电视广播传输、卫星传输服务
金融保险	银行业、保险业、证券业、金融租赁业、信托活动、风险管理
餐　　饮	饮食文化、冷饮业、美食宴会、婚丧喜庆、展示会议
住　　宿	客房预订、入住登记、礼宾、问讯、商务中心、收银服务
导　　游	旅游人才培训、旅游学校
集　　散	集散客自助旅游、单位团队旅游、旅游信息咨询、旅游集散换乘、景点大型活动、客房预订、票务预订等
调　　度	咨询、电子商务平台、游客管理系统、智慧云等
安　　全	人身安全、财产安全
监　　督	旅游投诉热线、质量监管

阳城县在全域旅游中，依托县城、皇城相府、蟒河、析城山四大旅游景区，按照"美丽乡村、田园城市、城乡一体、产城融合"的构想，制定了"一园一带四区"的美丽乡村连片建设规划，全力建设"村庄秀美、环境优美、生活甜美、社会和美"的

▲ 砥洎城润湖公园

▲ 皇城相府贵宾楼

宜居、宜业、宜游的美丽乡村，让其"望得见山，看得见水，记得住乡愁，富得了百姓"。

"一园"就是建设以县城为核心，打造总面积20平方公里的特色田园城市；"一带"就是建设东起磨滩、西至董封串珠成链的美丽乡村休闲带，涉及103个村80平方公里；"四区"就是沁河芦苇河明清古堡区、横河析城山山地景观区、蟒河生态休闲区和县城周边郊野体验区，涉及126个村600平方公里。

第一节　特色田园县城建设

"田园城市"是指为健康、生活以及产业而设计的城市。是解决现代城市快速发展带来的交通拥堵、环境恶化等"城市病"的有效途径，也是推动城乡一体化、实现产城融合的重要举措。

阳城县"田园城市"总体布局在"1+5"大县城框架的指导下，按照"城郊一体、产城融合"的总要求，以主城区为中心，向东延伸、向西扩张、向南北拓展，辐射到町店、西河、演礼、白桑、凤城镇八甲口商贸物流园区五个片区，以五个片区为次中心，布局各有侧重的产业、人居、基础设施等功能，把城市的集中功能向五个片区进行疏散，使各个片区不仅在交通上快速衔接，而且在基础设施、公共服务、群众生产生活等方面形成相互渗透、整体化运作的城市系统，从而达到经济效益和社会效益的双赢。

1. 以乡村旅游为主要载体

在推进特色田园县城建设过程中，阳城县确定了坚持走"新型城镇化"道路的主基调，做到"围绕旅游做农业、围绕农民做旅游"，打造全国休闲农业与乡村旅游示范县，形成以现代农业发展为基础，融合旅游度假、商务休闲、文化展示、户外运动

等多种功能为一体的阳城田园城市模式，
丰富阳城"1 + 5"大县城内涵；以"区
域综合发展"为主线，处理好农民收入与
农民再就业问题，紧紧抓住一个"农"
字，在"农业、农村、农民"上做工作，
在保护农民根本利益的前提下，在保护自
然景观和人文景观、改善生态环境质量的
基础上，借助周边国家 4A 级和 5A 级旅

▲ 阳城面塑寿桃

游景区的辐射和影响，积极开发"乡村旅游"；以"乡村旅游"为主要载体，以市场
需求为导向，以体验"乡村生活方式"为开发理念，充分挖掘"乡村田园风光"旅游
资源，从而实现农业收益最大化，农民收益最大化，改变目前产业经济结构不合理的
现象，最终实现"看得见山、望得见水、记得住乡愁、富得了百姓"的阳城特色的田
园城市模式。

2. 分阶段实施，逐步丰富内涵

阳城县"田园县城"的建设规划分为近期、中期、远期三个阶段建设实施。

近期。2015—2016 年，建设范围 15 平方公里，以"打造轴线、拉开框架、构
建雏形"为主，主要完成相关乡镇对接区域的交通建设，推动主轴线形象及主轴线周
边 100 ~ 200 米范围内的农业林业产业化运作和田园小镇、观景点建设。

中期。2017—2020 年，建设范围 60 平方公里，以"三产联动、全面提升"
为主，主要将在 60 平方公里的示范区内全面开展示范区核心区建设，提升镇区综
合配套服务设施水平，着力推进"三个经济生态圈"的建设（城市绿道经济生态圈、
工业经济生态圈、农业产业田园经济生态圈）。一是绿道经济生态圈建设，打造串
联六大公园的城市绿道，总长 40 公里。二是工业经济生态圈建设，依托演礼工业
园区，打造 10 公里的环工业园区线，引进和启动一批开发高新技术和新能源等新
兴产业的高新项目，培育新兴产业聚集带，建立现代产业体系，进一步推进城镇化
的进程。三是农业产业田园经济生态圈，打造"田园城市核心景观区"，即以县城
主城区、西河区、演礼区三个片区接合部为重点，以连接美韵公园和凤西公园并延
伸至西河霍山的景观廊道为主轴，依山头、分地块、按节点在总长 30 公里、覆盖

15平方公里范围进行建设。建成10000亩的规模化、产业化的现代农业，围绕乡村旅游和农民就业等重点环节，大力发展休闲、度假旅游。建成一处桑葚基地、一处影视基地和一处农业文化博物馆。建设模式是以乡镇为主体，按照行政区划范围开展、组织和实施。

远期。2021—2030年。建设范围扩展至在"1+5"大县城360平方公里的范围全面推进田园城市的建设。建设内容是打造品牌、长远发展。对已建成的田园城市进行品质提升，进一步强化产业联动，打造阳城品牌特色，以此带动大县城范围内田园城市的全面建设，实现田园城市的最终目标。

3.建设成果及经验

自2014年启动田园城市建设以来，阳城县坚持巩固提升"两河六园"生态建设成果，规划发展了观光果园、观光菜园、观光花圃及大地景观，新建30里景观廊道、20多处景点和3处田园小镇，田园经济带雏形初现。按照"复古城、改旧城、建新城"的思路，集中实施了滨河东路延长线等一批重点项目、重点工程，持续开展县城环境卫生、街巷景观和交通秩序整治，城市功能不断完善，城市形象明显提升。

成果。2014年，阳城县田园城市建设拉开序幕，沿绿道周边规划永久性农田3000亩，流转土地4500亩，完成30公里的田园道路路基工程，建成兼具景观

▲ 演礼杏花

效应与经济效益的各类观光果园、菜园、花圃 2500 亩。2015 年，建成生态景观廊道 30 公里，沿线建设田园小镇 2 处、观景点 16 个和涵盖 5000 余亩土地的生态观光休闲农业经济带。2016 年，狠抓"三圈"建设，持续推进田园城市、休闲农业和乡村旅游融合发展。城市绿道休憩生态圈美韵公园至骏马

▲ 省级非遗商汤祷雨习俗暨第二届雩祭民俗文化艺术节

岭公园 10 公里长的绿道和工业经济生态圈道路铺设全面完成，田园经济生态圈完成田园道路 30 公里、田园小镇 6 处和观景点 13 个，累计发展观光菜园、观光果园、观光花圃 5000 余亩，正式启动古城开发，加快建设污水处理、滨河东路延长线、县城公用停车场等工程，集中开展交通秩序和环境卫生综合整治。持续强化农村人居环境治理，基本完成连接 6 个乡镇、近 100 公里的磨董旅游专线工程，建成 5 个省市级美丽宜居示范村、72 个生态农庄、210 个"一村一品"专业村，润城镇跻身首批"中国特色小镇"，横河镇成为"中国乡村旅游最佳目的地"。2017 年，重点打造田园城市升级版，突出提升品质。完善"三圈"建设，完成了"三圈"剩余道路路面铺设、观景点建设、道路两侧绿化、美化以及其他基础设施功能完善，推动濩泽古城复兴，挖掘阳城"凤凰城""城上城"独有的历史文化内涵，实施了北城墙修复工程，铺开核心区东部拆迁启动东门广场项目前期；实施六大公园提升改造工程，在卧庄、水村、下李丘三村交界处，启动以植物科普为主题的城西公园建设。

经验。一是统筹规划，坚持保护与开发并重的原则，加强对县城周边特别是主城区与五大功能片区的规划设计，建设若干处具有田园风光的走廊带及景观区，打造既有经济效益又有景观效果的示范点。二是因地制宜，注重突出农村乡土气息、自然风光、田园乐趣，鼓励和引导群众发展适宜当地、可供四季观光或采摘的园区。三是示范引领，先行在绿道外缘发展精品果园、精致菜园、精美花圃，并尽快建成、见效，让县城居民及游客充分感受到山水田园城市的魅力。

第二节　美丽乡村休闲带建设

美丽乡村休闲带建设是阳城县推动全域旅游的一大亮点。当地坚持"一乡一特""一乡一品"的原则，认真落实"五、十、百、千、万旅游振兴计划"，在全县域范围内打造融特色小镇、休闲农庄、旅游景区、农家乐等在内的乡村休闲综合形态，实现全域旅游大格局。截至目前，共建成"一村一品"专业村210个，观光园、采摘园等72个，美丽乡村示范村11个；凤城陶瓷、润城灯笼、北留古堡、固隆探源、幸福演礼、山地横河6个特色小镇，中庄棋盘古院、古硒农场客栈、机车驿站、水云轩客栈、天道农家养生园、碧绿源开心农场、孤堆底古村驿站等9处休闲农庄，完成10座2A级以上旅游厕所的筹建，提升改造民俗客栈29座，打造河阳商道古镇、智和农庄2个3A级景区，并按照"一村一幅画、一线一精品"的要求，建成磨董乡村旅游"百里画廊"，逐步形成"廊、道"，互联"景、业"辉映的乡村旅游风景线。

1. 以农家乐建设为重点开展乡村旅游顶层设计

从2015年起，阳城县连续三年以"县委一号文件"形式，出台了《加快以旅游为导向的美丽乡村建设的指导意见》《推进休闲农业与乡村旅游产业融合发展的实施意见》和《创建国家全域旅游示范区的实施意见》。2014—2016年，县委、县政府把践行党的群众路线与"下基层、接地气、转作风、促发展"有机结合，科学提出了在县直单位科级领导干部中开展"结对帮建农家乐"主题实践活动。县委、县政府按照优先在景区所在村及周边村规划建设农家乐、优先在有积极性的农户中发展农家乐、优先在有条件的农户中发展农家乐、优先对二星级农家乐进行提升改造的原则，采取"一对一""点对点"的结对帮建方式，以点带面在全县17个乡镇发展农家乐。为鼓励农民兴办"农家乐"，阳城县对"农家乐"采取了直补，每户农家乐建成验收合格后直补1万元。仅这三年，阳城县财政在这一项的投资就达到近1000万元，拉动社会投资8000多万元，带动每户农家乐年均增收约3万元。

随着游客量的增大，原有的单打独斗式农家乐渐渐不能满足游客的阶梯化需求，农家乐的连片区建设势在必行。2017年，阳城县按照坚持点、线、面、片相结合，

▲ 相府宾馆

因地制宜、尊重生态的原则，按照农户自愿，乡镇筛选的方式，重点规划建设了3个农家乐集中连片区。在发展这些连片区农家乐建设的同时，当地还鼓励发展种植、养殖、采摘、加工、餐饮、垂钓、住宿、旅游等休闲为一体的庄园式农家乐。2017年，晋城市外事侨务和旅游文物局下发《晋城市特色乡村旅游标准（试行）》，阳城县对照标准，精选了一批有鲜明环境特色、地方特色、文化特色的初具雏形的庄园式农家乐作为特色旅游客栈在全县范围内推广，并积极开展"民宿（农家乐）"和"采摘园"标准化创建工作，全县共推动27个特色民俗村发展，其中中庄布政李府民宿、孤堆底古村驿站民宿、南梁中华寿桃采摘园申报为省级重点项目。

2.围绕农家乐建设进行培训与宣传

在农家乐建设之初，阳城县就将农家乐培训和宣传促销工作当作农家乐建设的重要环节来抓，实现培训和宣传与建设同步展开。一是培训与建设同步。为提升全县农家乐综合服务水平，提高经营管理理念，面对农家乐培训的空白，当地针对农家乐培训内容和方式进行积极探索。首先，县人社局将农家乐经营人员培训纳入全县创业培训计划，对培训老师和培训课程都经过精挑细选，聘请了全市最优秀的创业培训讲师，课程侧重农家乐的经营、管理和服务。培训中，注重实效，不断完善课程设置。授课老师结合自己的亲身经历，为农家乐户主讲解营销、礼仪、公关、法律等方面的知识，教会了大家如何经营、如何做一名成功的农家乐经营者。其次，对参加过培训的经营户进行了回访。回访发现，经过培训后，经营户理念发生了很大转变，接待量大增。最后，坚持送课上门，在蔡节村开展了服务礼仪、烹饪技能培训试点工作，受到村民的一致好评。二是宣传与建设同步。为确保农家乐建成后有充足的客源市场，让广大农户通过发展农家乐得到实惠。当地加大了农家乐宣传促销力度，并将之列入全县旅游营销宣传范畴。印制"农家乐特色游"旅游指南，在《太行日报》刊登题为"美丽中国十佳旅游县　山西阳城欢迎您"的专版，推出了山里人家自助游——横河，亲近自然休闲游——蟒河，古堡村落访古游——北留、润城，沁河漂流激情游——东冶四个旅游特色品牌，扩大阳城"农家乐"的知名度。

3. 形成各具特色的三种农家乐管理模式

一是"农家乐＋合作社"管理。东冶镇磨滩村是阳城县农家乐合作社的起源地。早在1994年侯月铁路通车后，每到双休日、节假期，河南游客蜂拥而来，游人如织，带来了磨滩村的旅游。刚开始村里各户单打独斗，低价竞争，之后县政府进行统一指导管理，村里采取合作社的形式，统一标准，统一采购配备设施，统一安排接待游客，阳城县农家乐合作社逐渐形成规模，成立了山里人家农家乐合作社、古城新区农家乐合作社、天官王府休闲人家农家乐合作社等20多家合作社。

二是"农家乐＋公司"管理。随着皇城相府旅游集团的发展与壮大，皇城相府景区以丰富的文化内容和优越的环境吸引了国内外广大游客。为让游客在景区内能够得到"食、住、行、游、购、娱"六个方面的完善服务，皇城相府景区利用村民家居住室兴办家庭宾馆。为此，集团成立了专门部门管理农家乐，形成了一个"统一标准、统一管理、统一纳税"的三统一。统一标准就是各个家庭宾馆要办成二星级标准，内部设施和服务水平都要达到这个标准。统一管理就是一个专门领导协调各方面工作，对各户家庭宾馆的安排客人情况和内部情况统一安排，避免了各种矛盾的产生。统

▲ 横河精品民宿

一纳税就是指客人住宿费用由专人负责登记、收费，然后交纳管理税收，这样做既解决了客源的合理分配，又解决了税收的及时上缴。同时制定了"211"制度督促检查制度。"2"就是每个月对家庭宾馆的卫生、环境、设备、服务水平等内容检查两次；"1"就是每个月对两次的检查情况及平时发现的问题给予通报和讨论解决办法，对表现好的给予表扬、奖励，并累计入全年总评的分数；"1"就是全年进行一次业务培训和考核。

三是"农家乐＋合作社＋公司"管理。河北镇孤堆底村以红色景区孙文龙纪念馆为依托，建成25户农家乐。2012年，村里吸引社会资金成立了合作社，依托红色旅游发展休闲农业。2014年，孤堆底成立了孙文龙文化旅游发展有限公司，以科技兴农、生态富农，旅游兴农为主线，以产业化、现代化发展为重点，采取"农家乐＋合作社＋公司"的形式，主打生态观光、采摘游乐、科技示范、休闲度假四个品牌，带动农民致富增收。公司负责营销宣传、开拓市场。合作社负责管理协调。农户在接受公司的培训、合作社的沟通协调后，负责提供富有特色的农家乐产品，有序地提供旅客住宿、餐饮和娱乐等服务，三方优势互补，实现了共赢。

4.推动农村农户四大转变

通过建设农家乐，当地农户自身生活方式、生产方式、人际交往和村容村貌实现了巨大改变。

一是生活方式转变。农家乐建设表面看是硬件设施的建设，究其实质是生活方式的转变。在建设过程中，农家院落由满足自身居住转向对外经营。游客的到访，影响和改变着农户。过去，农户院中的农具、杂物等以方便为由随处摆放，上厕所要跑到院外，起夜要打手电、用便桶。现在，家家户户对农具、杂物都进行了归置，多数农户在房间、院内设置了卫生间，上厕所也不用跑到院外了。

二是村容村貌转变。通过农家乐建设，村集体也对村内的道路沿线进行了"绿化""亮化"和"美化"等配套建设。多数村成立了专业环卫队，对村内环境实行责任区划分。村内垃圾乱堆乱放的现象极大地减少了，过去的"三堆六乱"现象发生了彻底改变。

三是人际交往转变。以前的农户大多将"乐"字放在吃上，有人戏称为"白天吃玉米糁，晚上支摊打麻将"。现在，各地把体现农村生产、生活方式等方面的延伸产品也纳入"乐"的内容，而这些需要当地居民的密切配合。农户渐渐知道传统生活方式也可以折现，让他们更加保护传统，人与人之间的关系更加密切，人际交往更加紧密。

四是生产方式转变。以前的农民靠天吃饭，自从开发了农家乐，农民不需要下地干活，只需要动动手指头，动动脑就可以在家轻松挣钱，彻底改变了农民"面朝黄土背朝天"的命运。

5. 干部帮建推动农家乐实现良性发展

在阳城县乡村旅游，特别是农家乐规模化、标准化发展过程中，由县委、县政府组织开展的干部一对一帮建活动起到了决定性的作用，从组织到实施、保障等各个环节都实现了干部全覆盖。

一是行动迅速，领导干部率先垂范。县委召开动员大会后，科级干部就深入到帮建农户，迅速完成了对接摸底，制订了帮建方案。时任县委常委、常务副县长许卫星带领七名副县长主动请缨，参加"结对帮建农家乐"活动，起到了率先垂范的作用。

二是规范指导，确保高标准建设。县委、县政府在与农家乐涉及片区相关乡镇主要领导充分讨论的基础上，编制了《阳城县农家乐（休闲旅游）项目申报标准》《阳城农家乐操作实务》和《阳城县农家乐星级评定及服务规范标准》等规范标准。在动员会上，对全县参加帮建活动的科级领导干部，从准备建设农家乐、怎样建设农家乐、阳城农家乐的现状及发展、农家乐发展典型案例等方面，进行了《阳城农家乐操作实务》宣讲，使帮建干部对农家乐有了感性认识。同时，还将《阳城县农家乐（休闲旅游）项目申报标准》《阳城农家乐操作实务》和《阳城县农家乐星级评定及服务规范标准》及时发放到帮建干部和农家乐经营户手中，使帮建干部和农户对农家乐有了理性的理解。社会全员认真学习编制的规范标准，主动与帮建单位、帮建乡镇和农户对接，对规范标准逐项进行讲解。这些规范标准的出台，主动的对接活动，确保了阳城农家乐建设的标准化推进。

三是思想统一，真诚帮助不动摇。建设过程中，当地要求各帮建单位一把手将思想统一到活动中来，亲自带队深入各帮建农户，登门摸底，认真听取各户情况介绍，做记录，填写情况摸底表，对各户情况进行细致的了解。帮建单位和帮建人在帮建过程中，不仅献计献策，同时还根据单位和个人优势为农户提供政策、物资和资金扶

▲ 固隆乡中国农业公园大门

持。各位帮建干部更是多次深入帮建农户，从改造方案的制订、设施的购置、标识标牌的制作等多方面进行全方位的帮助。面对那些对帮建活动持怀疑态度的农户，帮建干部给他们再三讲解县里的旅游思路、旅游发展方向，使农户真正看到了农家乐发展的趋势，增强了农户的信心，让农户真正自愿加入旅游行业。有些帮建个人，在农户资金困难的情况下，自掏腰包为农户垫付建设资金，通过人脉资源为农户搞建设。

四是片区互动，互帮互学促建设。在帮建活动过程中，为提高农户对农家乐的认识，增加农户建设的信心，县政府与帮建乡镇配合，组织了参观学习活动。如：蟒河镇组织农户到皇城村，横河镇组织农户到蟒河景区、东冶蔡节村，上庄村组织农户到陕西袁家村等。通过帮建片区互相参观学习，新建农户与老农家乐业主的交流，开阔了农户的视野，增强了信心，大大促进了农户的建设积极性。

五是阳光作业，认真负责抓验收。县监察局、县财政局、县旅游局及相关乡镇有关人员组成了验收组，采取集中联片、百分制考核的办法，根据验收评定标准合理对农家乐经营户进行验收。在验收时，各帮建人按照要求都在农家乐经营户中进行等候，配合验收小组工作。各验收小组在认真打分的基础上，为各户评定出分数，在验收报告上签字，并为各帮建人和农户进行了讲解，指出了建设中存在的细节问题，指明了下一步努力方向。同时，各验收组将验收情况作出了详细记录，并拍摄了图片资料。

第三节　四大片区差异化发展

根据旅游资源分布，阳城县旅游产业发展的空间布局围绕"四区"建设展开，即沁河芦苇河明清古堡区、横河析城山山地景观区、蟒河生态休闲区和县城周边郊野体验区，共涉及全县 126 个村 600 平方公里。目前，阳城县已经推出基于"四区"布局的四条旅游线路，即北留润城片区"古堡古村落访古游"、东冶片区的"沁河漂流激情游"、蟒河片区的"亲近自然休闲游"与横河片区的"山里人家自助游"。

一、沁河芦苇河明清古堡区：构建古堡旅游雁阵

晋城的太行古堡建筑群是山西最珍贵的历史文化遗产之一，庞大的古堡群依山而建，气势雄伟，形制独特，功能齐备，展现了明清官宦宅院和古城堡的建筑特色。这些古堡群遗存主要分布在沁河流域中段，地跨沁水、阳城、泽州三县。沿 20 公里沁河两岸，已考证的古堡有 54 座，保存完好的 10 余座。

阳城县是晋城太行古堡建筑群的密集区，古堡旅游开发较早，对古堡建筑群的研究、保护、修缮与开发也走在前列，已形成具有一定规模和特色的明清古堡集聚区，

▲ 山西省旅发大会举办城市 PK 皇城相府会场

成为阳城四大片区最具地域特色的旅游区，是阳城县全域旅游的主要亮点。阳城县在四大片区开发过程中，以沁河芦苇河明清古堡区的升级开发为引领，发挥 5A级旅游景区皇城相府的"头雁效应"，不断输出成熟的管理经验、运营模式和人才队伍，为这一片

▲ 杨柏乡间民宿

区的发展提供了强大的内在动力。目前，沁河芦苇河明清古堡区主要包括皇城相府、天官王府、中庄布政李府、砥洎城、郭峪古城、湘峪古堡等核心资源与景点，其中以皇城相府最为著名。

1. 皇城相府生态文化旅游区

该旅游区以最早开发的皇城相府景区为核心，目前已经发展成为总面积 15 平方公里，包括皇城相府、相府庄园、九女仙湖、郭峪古城、海会书院等景区（点）在内，并涵盖了相府宾馆、相府贵宾楼、相府庄园酒店和皇城相府国际旅行社等配套设施的综合性旅游区。2018 年，旅游区共接待游客 150 万人次，实现收入 10154.05 万元，其中皇城相府接待游客 80 万人次，收入 6000 万元；郭峪古城全年接待游客 1.5万人次，收入 38.33 万元。

按照综合性生态文化旅游区的发展定位，该旅游区以打造集古堡探秘、民俗体验、山水观光、宗教禅养、文化溯源为一体的旅游度假区为目标，实现五村一体化发展，并逐步形成一个"农、林、文、旅、康"融合发展的高品质旅游目的地，按照规划目标，皇城相府生态文化旅游区将力争 3～5 年内，游客接待量增长到 260 万人次，旅游收入由 1 亿元增长到 2 亿元，其中皇城相府将重点进行文化类旅游项目开发，包括古堡文化、廉政文化、字典文化、陈廷敬诗词文化、陈氏家风家训等；郭峪古城则主要围绕民风民俗文化进行挖掘，并为皇城相府和夜游项目提供旅游配套服务，2019年将建成高标准民宿客栈；海会书院下一步将重点围绕佛教文化和国学文化进行旅游项目开发；九女仙湖重点围绕山水游和户外娱乐进行项目设计；相府庄园则以农业嘉年华和康养休闲为主题进行旅游项目开发。

2. 天官王府

天官王府位于阳城县润城镇上庄村，为国家 4A 级旅游景区。上庄村现有保存完好的官宅民居 40 余处，为汇集元、明、清、民国四朝民居的文化古村，被评为"中国历史文化名村""中国传统村落""全国绿色村庄"。天官王府景区的保护利用工作起始于 2003 年，已累计投入资金 1.5 亿元，2012 年 9 月 25 日对外开放。景区经营主体为阳城县天官王府旅游景点管理处，属于村办集体企业，2014 年 10 月，由康辉集团控股成立的晋城市康辉景区旅游开发有限公司对阳城上庄古村景区（天官王府）开展 20 年托管经营。2018 年，天官王府景区接待游客 13 万人次，门票收入 100 万元。全村现有农家乐经营户 43 户，由"天官王府休闲农家农民专业合作社"统一规范管理，具备一定接待规模的餐饮住宿经营户 7 户。

3. 砥洎城（沁河古堡旅游区）

沁河古堡旅游区位于阳城县润城镇境内，距县城约 7 公里。该区是以砥洎城古堡为龙头，以古镇、古街巷、院落、商铺，以及沁河古河道为特色的民俗文化类景区，旅游区由阳城县沁河古堡旅游开发有限公司管理运营，为润城村集体承办。区内有国家级文物保护单位砥洎城、东岳庙两处，市级保护单位玉皇庙、东坪庙两处，官宅、商宅大院几十处以及古街巷、古市井等多处。龙头景区"砥洎城"为国家重点文物保

▲ 古民居

护单位，三面环水，占地面积约 37000 平方米，被誉为"山西最美的古堡"，旅游区内有清代著名的数学家、汉学家、文学家张敦仁；清代著名布衣诗人张晋以及张晋的"艳雪堂"。山西第二大河流沁河在该区内水域面积 20 平方公里，两岸风光秀丽，亭台楼阁，小桥流水，景色迷人，形成山水相依的北方特色水乡。

4. 中庄村（布政李府）

润城镇中庄村位于沁河东岸、可乐山下，是一个有着千年历史的古村。目前村内保留着以"布政李府"为代表的明清古建筑群 60 余院，占地面积约 3.8 万平方米。楼台、官邸、民宅、古庙各具特色，被评定为"中国景观村落""中国传统古村落""山西省历史文化名村"。中庄村以"打造生态休闲度假乡村"为目标，2018 年年初投入试运营，重点开发了明朝特色客栈、明清文化街、非物质文化遗产"八八宴"等，并在旅游品牌建设、文物保护利用、景区基础建设、特色民宿打造、美食文化传承、旅游市场开拓等方面进行了积极探索。

5. 海会寺景区

海会寺又名龙泉寺，位于阳城县东 15 公里的大桥村。寺院创建于隋代，唐代已颇具规模，是一座唐宋帝王两赐名额的千年古刹。景区的保护开发始于 2001 年，2003 年起对外开放。景区主要分为古塔区、佛寺区和古典园林三大区，寺院内不仅

▲ 海会寺

▲ 海会寺流觞曲水

古建丛集，还保存有从五代、宋、金、元、明到清朝的碑碣近百块，寺内另有一处海会别院，为明代吏部尚书王国光、张慎言读书讲学之所，是明清时期阳城一所辉煌的书院。整个寺院建筑面积 3.48 万平方米，将佛教文化、科举文化、建筑文化、园林文化完美融为一体，有很高的历史文化和文物价值。目前，海会寺已开发景点包括海会双塔、曲水流觞、龙涎飞瀑、海会书院及隋唐明清古建筑等，已初步完成了周边环境整治，并开发海会寺休闲渔业等小型旅游项目。

6. 上伏村（河阳商道古镇）

上伏村古称东河阳，濒临沁河东岸，处于阳城县太行古堡密集区，总面积 2.61 平方公里，是沁河流域具有 2200 余年历史的商道古镇。村内现遗存有古建民居 182 院，沿街店铺、钱庄、客栈 70 余处，各地商家会馆 7 所，各类庙宇 30 余座，300 年以上古木五株（其中千年古木两株），古井 11 眼，石碑石刻 70 余块，村西古渡口官津渡一处等。古建多为明清遗建，主要院落为四大八小五天井格局，是典型的北方古建样式，宽敞明亮，端庄大气，沿街建筑均是前店后院结构，全村建筑除大庙外均门前无狮，故又称"无狮村"。村中现存由成汤庙、文庙、武庙组成的三庙五院十六殿合一的大型庙宇古建群，占地面积 2318 平方米，是沁河流域最大的村庙，山西省重点文物保护单位。古镇晋商名家有于家、窦家、东栗家、赵家、许家、王家等，赵氏家族的赵世德保存有文化珍宝"广锡銮驾"32 件；村内另有舞龙、剪纸、刺绣等非物质文化遗产。2017 年，上伏村启动河阳商道古镇 3A 级旅游景区建设，并完成了旅游接待服务中心、停车场、旅游公厕等工程，安装了旅游景点标识标牌，交通指向牌，景点介绍牌等服务设施；2018年举办了首届东方古堡文化节、上伏祭孔大典。2018年12月28日，河阳商道古镇被评定为国家3A级旅游景区。目前，上伏村

▲ 皇城相府

（河阳商道古镇）免费对游客开放，以建设"太行古堡群服务中心、东方古堡文化交流中心、晋城全域旅游休闲度假中心"为目标，主动融入阳城全域旅游大格局，并继续开展河阳商道古镇景区的提升改造。

7.屯城古村

屯城古村又名"虎谷"，位于阳城县东15公里处，古村保存了金代到清代直至民国初年各历史阶段的建筑，反映了本地区不同历史时期经济、政治、文化的发展和演化情况，村内现保存完好的古民居50余院，多坐北朝南，以"四大八小五天井"四合院形式为最。古建筑有文昌阁、二郎庙、古寨、官庙、张公阁、东岳庙及郑家祠堂等，古建中保留了精美的石雕、砖雕、木雕、匾额等艺术珍品，现存古建以明清为主，另有元代兵窑，特别是建于金代的东岳庙，具有较高的历史与文物价值。古村另存有国槐、皂荚、桧、柏等数百年古树13棵，8眼古井，以及古泉、古桥、石碾、石磨等遗存。自古屯城人崇尚文教，名人辈出，其中最著名、最有影响的是南明吏部尚书张慎言。目前，屯城村整体处于待开发阶段，拟对庙宇、古村院落进行前期修缮，已有200多亩观赏玫瑰园可用于旅游经营。

在阳城县的全域旅游"四区"差异化发展格局中，"沁河芦苇河明清古堡区"居于核心地位，该区以润城镇和北留镇为主，形成了以皇城相府为龙头，以天官王府、郭峪古城、砥洎城、海会寺等景点为重要支撑，以上庄村、中庄村、上伏村、屯城古村等文化古村落为背景的"古堡雁阵"。该古堡群发挥了皇城相府的"头雁效应"，正

▲ 古民居

在形成梯次开发、梯队建设的发展形态，为阳城县全域旅游发展提供深厚的历史文化底蕴和地域特色。

二、蟒河生态休闲区：塑造南太行生态旅游品牌

蟒河生态休闲区以蟒河生态旅游区为核心，主要进行生态观光、休闲度假的旅游业态开发，并逐步打造以蟒河景区为核心的太行山水游品牌。蟒河生态旅游区位于阳城县东南 40 公里处，面积 120 平方公里，是国家级自然保护区、国家森林公园、国家 4A 级旅游景区。区内景点俯拾皆是，妙境天成，素有"华北小桂林"之美称和"山西动植物资源宝库"之美誉。区内共有动物 285 种，种子植物 882 种，其中猕猴属我国自然地理位置分布的最北限。全长 10 公里的地面钙华景观，被有关专家称为中国东部唯一的钙华型峡谷景观。

蟒河生态旅游区自 2010 年启动建设开发，8 年来，开辟了峡谷览胜游、高山猎奇游、科普考察游、

▲ 蟒河农家乐

艺术采风游，户外拓展游等游览线路，开发了"晋膳晋美""望野欲馋"等生态美食，修建了闻瀑楼、瀑布山庄以及景区配套设施明秀苑酒店和 43 家特色农家乐，与村民合作开发形成了山茱萸、野木耳、山核桃、土鸡蛋等具有当地特色的旅游纪念品；并开发猕猴表演、蟒蛇表演、帐篷野营、鼓书演艺、拓展基地、卧龙湾水上娱乐等旅游产品，不断推动旅游一体化建设和旅游线路成型，构建了户外野营、水上游乐、餐饮、住宿多元一体的蟒河旅游体系，形成了"二日游""多日游"的旅游新格局。先后赢得"中国低碳旅游示范区""全国工人先锋号""国家级守合同重信用企业""山西省著名商标""省级休闲旅游度假区""中国华侨国际文化交流基地"等荣誉称号。

蟒河生态旅游区是市、县政府重点工程，是竹林山总公司响应县委、县政府实施"3+1"大旅游格局，实施"变煤炭大县为旅游大县，变黑色为绿色，变地下为地上"的号召，走可持续发展道路的一个重要转型项目，也是发展旅游、提升三产、拉动就业的富民工程。

蟒河生态旅游区充分利用山西省国家资源型经济转型综合配套改革试验区、阳城县扩权强县契机，紧紧围绕阳城县"3+1"旅游发展战略，努力构建"大蟒河、大生态、大旅游、大产业、大发展、大经济"的旅游格局，扩大游客市场，增加旅游收入，促进地方经济的繁荣与发展，实现产业发展的转型与跨越，早日建成国家 5A 级

▲ 三利庄园

旅游景区，真正成为山西乃至华北地区首选的休闲度假基地。

三、横河析城山山地景观区：建设大析城山生态旅游区

横河析城山山地景观区发展主要依托于大析城山生态旅游区的开发建设，该旅游区位于阳城县南部、西部山区，涉及五镇两乡一局（横河镇、河北镇、蟒河镇、凤城镇、东冶镇、董封乡、驾岭乡、中条山林业管理局）。于 2012 年 5 月完成总体规划修编（2011—2025），规划面积约 1268 平方公里，建设周期为 15 年（2011—2025年），建设总投资约 151960 万元。根据旅游资源空间分布特征及未来开发管理的内在关联度，旅游发展布局结构为"一心、一带、七片"，即：阳城旅游集散中心；以连接五镇两乡的旅游主干道为载体，发展健康产业带；七片包括：析城山景片、横河古镇景片、鳌背山景片、凤栖湖景片、石圈河景片、蟒河景片、东冶景片。

大析城山生态旅游区经营主体为山西阳泰析城山旅游有限公司，该公司成立于 2014 年 1 月 6 日，为阳城县阳泰集团实业有限公司全资子公司。截至目前，公司已投资 1.278 亿元，完成了东门、北门上山道路工程、东门至北门林中路工程、回龙庙至麻地公路、北门服务区工程、碾腰服务区工程、北门蓄水池工程、盘亭大道工程、李疙瘩驿站工程、西哄哄驿站工程、水头农家乐工程、苇园坪休闲广场工程、小尖山改造工程、横邵路杜甲至省界（5.7 公里）工程等。

2018 年，旅游区成功举办了"全国第四届商汤文化学术研讨会"，并不断加强汤庙等文化遗址的修复、保护和开发，通过对传统雩祭文化活动形式的提炼和升华，使之成为乡村旅游中吸引游客的重要景点、景观，有力推动了全域旅游的发展。从经营情况看，该片区的发展仍处于起步阶段：析城山圣王坪景区 2018 年受麻地至牛心温"四好公路"建设及阳杨线道路改造影响，景区未正常营业，无收入；小尖山景区 2018 年收入 520802.5元（其中布施款收入 314874.5 元，区

▲ 下交汤帝庙

间车收入95144元，停车费收入10290元，摊位租赁收入5350元；上级扶持补助资金200万元，其中小尖山"创A"奖励100万元，生态厕所及文化旅游扶持100万元）；其他商铺、房屋类租赁收入6万元。

▲ 阳高泉森林公园

四、县城周边郊野体验区：打造全域乡村旅游大格局

县城周边郊野体验区聚焦阳城县乡村旅游，并通过各中心农场、庄园、公园等乡村景区（点）的支撑，依托于乡村旅游休闲带的建设，形成阳城乡村旅游全覆盖的面上布局。

1.阳城中国农业公园

阳城中国农业公园规划建设总面积140.6平方公里，涉及演礼、固隆、次营3个乡（镇）53个村，3.6万人。策划项目38个，重点项目8个，预计总投资9.6亿元。其中，近期（2016—2020年）投资3.2亿元；中期（2021—2025年）投资4.0亿元；远期（2026—2030年）投资2.4亿元。目前，已建成76公里的彩色沥青旅游线路、彩色林带、八个大门、薰衣草庄园、"杏福"庄园，完成投资1.5亿元，已开放园区统计旅游人数达到30万人次，综合收入800万元，特别是薰衣草庄园自2018年"十一"开园至今，旅游人数已达13万人次，综合收入达400万元。计划至"十三五"末，

▲ 西河凤西广场

▲ 旅游标牌

总投资将达到2.4亿元，并打造演礼"杏福"小镇、固隆探源小镇和次营"丝想"小镇三个特色小镇，并实施"一心一路一带一街八门十园"基础框架项目。"一心"即中国农业公园综合管理中心，"一路"即循环旅游线路，"一带"即彩色林带，"一街"即孵化基地创新创意一条街，"八门"即建设八个特色各异、具有乡土味道的大门，"十园"即建设十个主题突出、个性分明的休闲园、产业园、示范园。目标要把阳城中国农业公园打造成"晋东南农耕文化实景体验馆"，并建设成为国家4A级旅游景区和乡村休闲度假旅游目的地。

2. 古硒绿源农场

位于阳城县蟒河镇盘龙村（原西庄村），占地500余亩。2016年开始投资建设，预计投资2800余万元，是集牲畜养殖、农作物种植、休闲娱乐为一体的农业综合开发项目。运营一年多来，目前农场配套设施已基本完善，主要建设内容包括牛、驴、香猪、野兔、青山羊、各种野鸡等牲畜养殖，各种果树、蔬菜、小杂粮及中药材等农作物种植，以及农家乐、采摘园、农耕体验、跑马场等各种配套休闲娱乐项目，农场另配套建成停车场、餐饮、住宿等设施。农场被评为"乡村特色客栈""助推全域旅游发展先进集体"，"阳城县中小微企业创新联合会优秀企业"等，2018年春节期间每天接待游客近千人。

3. 沙啦啦快乐农庄

位于阳城县白桑乡通义村凤城镇南底村交界处，距县城8公里。农场面积约120亩，2016年6月启动建设，预计总投资3000万元，是集观赏种植采摘、

▲ 水滑道

特色养殖、社会综合实践、农家餐饮、休闲娱乐住宿为一体的综合性小型农庄。截至目前，农庄已初步完成一期项目建设，投资700余万元，完成规划设计、玫瑰园种植、场地道路整理、蓄水池和游泳池修建、水电无线音响安防监控配套、综合办公房建设等项目。二期项目现正在筹划建设中，有户外拓展培训、国防科普教育、水上乐园、冰雪体验乐园、乡土文化园和特色餐饮住宿、绿化等配套设施项目。预计农庄建成开发后可直接提供50个人就业，间接带动周边农户发展100余户，年利税突破300万元。

4.金月花溪生态农庄

位于阳城县董封乡东哄哄村，2016年开始投资建设，预计总投资2200万元，是生态休闲观光农业综合项目。目前，已完成一期工程投资1100万元，先后建成30余亩花田，初步形成了"农庄在花海、项目傍花溪"的生态景观，完成集餐饭服务、文艺演出和土特产销售于一体的园舍大寨建设，并配套建设五间厅、咖啡书馆、画屏楼、三间厅、人字花屋、单体木楼、盟山堂、石头小镇、水磨水车坊等融合休闲娱乐、会议、文化、生态功能的场馆建设，打造花田栈道、林间木屋、花溪亲水线路，形成"十步一景、百步一亭"景观。农庄先后列入晋城市、阳城县"全域旅游重点示范项目""太行屋脊旅游大通道阳城段精品民宿""万企帮万村省级重点项目"，并被

▲ 金月花溪农场

▲ 智和农庄

录入原国家旅游局"美丽乡村"项目库。开业运营一年来，农庄已接待3.2万人次，实现营业收入96万元，同时带动周边农家乐、小吃店营业收入比上一年翻一番。

5. 智和农庄

位于阳城县西河乡西丰村，2014年开工建设，总占地1.8平方公里，预计总投资为3亿元人民币，由阳城县智和农业开发有限公司投资建设和经营的以都市观光绿色农业为发展理念，以城市人口为主要服务目标，集休闲度假、观光采摘、餐饮住宿、户外娱乐为一体的综合农业生态项目，实现农村发展、农业增效、生态增益、农民增收的建设目标。项目区内建有有机果品采摘区、绿色蔬菜采摘园、垂钓区、休闲活动区、度假公寓、农家餐厅及户外农事体验区等。形成春赏花、夏戏水、秋摘果、冬滑雪，节假日农事体验、四季游玩观光。该项目可安排农村人员300余人就业。截至目前已完成一期工程投资5000余万元。2018年"五一"，农庄开始试运营，滑草、餐饮、休闲项目迎来数千游客，其他项目仍在建设之中。

▲ 智和农庄玻璃桥

从"十五"（第十个五年计划）开始，阳城县将旅游产业定位为全县的支柱产业加以培育。"十一五"期间，提出以皇城相府、蟒河、析城山三大景区为支撑的阳城县旅游发展格局。"十二五"提出"3+1"旅游发展战略，将旅游产业与工业发展和城镇发展放在同等地位，此举为阳城旅游发展指明了发展方向。经数十载精准的发力，持续不断加大对旅游的投资引导力度，阳城旅游产品的丰满度、旅游品牌的美誉度、旅游的舒适度、旅游产业的关联度得到不断提升，阳城先后荣获"美丽中国十佳旅游县""全国休闲农业与乡村旅游示范县""全国旅游标准化试点县"。

2016 年 5 月 18 日，阳城县召开了全县全域旅游发展座谈会。2016 年 8 月 2 日，县委书记窦三马在阳城县第十三届党代会第一次会议上指出：全力创建"全域旅游示范区"，按照"全域整合、全景打造、全业融合、全民参与"总体思路，大力实施"乡村旅游、全域旅游、四季旅游、全民旅游"发展战略，努力把"悠然阳城、全域旅游"这一品牌打造成阳城创新驱动、转型升级的新亮点。

2016 年 8 月 30 日，史小林县长在阳城县第十六届人代会第一次会议上提出：按照全域旅游的思路定位，坚持"文旅结合、农旅结合、体旅结合"，全方位推进乡村旅游发展。

▲ 阳城县全域旅游推进大会

第一节　县域旅游形象塑造

一、目标定位

　　进入"十三五"，阳城县以科学发展观为指导，以党的十八大以来系列文件为指引，以"田园城市、美丽乡村、乡村旅游"为中心，树立"全域整合、全景打造、全业融合、全民参与"理念，以旅游统领一二三产发展，全力实施"乡村旅游、全域旅游、四季旅游、全民旅游"战略，按照"整合东北、巩固东南、完善西南、开发西北"的发展思路，围绕旅游抓农业、围绕农民抓旅游，优化"一心两廊四区五环六点"旅游产业发展布局，巩固"美丽中国十佳旅游县""全国休闲农业与乡村旅游示范县"和"国家旅游标准化试点县"成果，打响"中华祖庭、悠然阳城"旅游品牌，健全完善现代旅游产业体系，强化智慧旅游体系建设，推动阳城旅游从"景点旅游时代"向"全域旅游时代"的转变，把阳城打造成为"宜游、宜居、宜业"的新型旅游综合服务体，真正让阳城的旅游资源优势转化为产业优势和经济优势，使旅游业成为阳城继煤炭之后新的支柱产业，成为全县人民就业增收的重要途径。以真正开明、开

▲ 蟒河瀑布

放、开拓的态度，早日迎接阳城的"旅游+"新时代。

二、主要工作

瞄准"全域旅游"这一战略目标，吹响"全域整合、全景打造、全业融合、全民参与"的发展号角，打响"乡村旅游、全域旅游、四季旅游、全民旅游"攻坚战的号角，这对旅游产业发展提出了更高的要求，为实现阳城全域旅游的发展目标，使阳城旅游产业真正成为富民产业、动力产业、幸福产业，使"悠然阳城"旅游品牌能够更快、更好、更高地冲出山西，享誉全国，走向世界。

1.全民参与全域旅游示范区的建设，通过消除城乡二元结构，实现城乡一体化，全面推动产业建设和经济提升

围绕一个目标，以全域旅游发展理念打造 30 亿级的第一战略支柱产业，旅游业跃升为阳城县龙头产业地位。擦亮中国东方古堡群、中国远古文化生态示范区两张名片。夯实三大基础设施。一是智慧旅游全覆盖，实现"一键知阳城，一机游阳城"智慧旅游服务；二是交通服务体系全覆盖，切实推进游客交通"空换乘"；三是旅游厕所全覆盖，实现旅游厕所"数量充足、干净无味、实用免费、管理有效"目标。同时推进旅游购物、餐饮场所全覆盖。

▲ 西山漂流

做好四项工作。一是组建一个集团。抱团取暖，组团发展，努力创新体制机制，对原有旅游管理体制进行改革，组建阳城旅游集团，打造阳城旅游航母。成立旅游发展委员会，实现与农业、水利、交通、环境、林业的共同作战。成立阳城文化旅游投资集团，按照现代企业管理制度，构建旅游投资平台，增强企业造血功能，全面推动阳城旅游资源开发进程。二是大景区引领。在巩固提升皇城、蟒河、析城山、天官王府等骨干景区的同时，新开发50个特色休闲农庄、10个国家A级景区、100个乡村旅游示范村、1000种旅游商品和10000户农家乐，形成科普游、生态游、健康游、体验游、休闲游、文化游、工业游、乡村游等一批精品线路。三是大项目支撑。四是大市场开拓。卖品牌，卖名气，要借鉴孝义、茅台镇、太白县的做法，努力吸引国家层面的投资，从政府层面推动全县旅游上档升级。

2.提高一个认识（全域旅游），强化一个理念（"旅游+"），加快实施"一心、一圈、两廊、两园"

"一心"以古县城为中心的大县城；"一圈"即沁河流域的"东方古堡"旅游圈；"两廊"就是以磨董乡村旅游公路产业景观带沿线为重点，结合美丽乡村建设，倾力打造东冶、蟒河、西山、杨柏、析城山、横河、云蒙山、西哄哄"百里画廊"，沿芦苇河工业旅游走廊；"两园"一是以大析城山、大蟒河景区为载体的远古神话传说文化园，二是以农业公园为载体的农耕文化园。以此为品牌带动战略，继续加快美丽乡村建设步伐，着重做好宣传工作，确保实现旅游富民。

3.继续做好宣传营销工作

一是做好统一营销工作，品牌营销实现常态化，组织宣传推介小组赴全国各地进行宣传推介；二是继续筹办"农业嘉年华""中国阳城（国际）徒步大会"，在演礼、固隆、次营三个乡镇启动建设"中国农业公园",搞好节庆活动,促进休闲农业和乡村旅游上档升级;三是继续加强与全国各大媒体、各大团体合作,在全国各大报纸和全国各大网络媒体上进行宣传报道。

4."全国旅游标准化试点县"通过国家旅游局评审验收

2015年以来,阳城县继续稳步推进旅游标准化试点工作,并于2016年8月24日接受了原国家旅游局组织评审验收组的评审验收,创建工作受到了评审组的充分肯定。"全国旅游标准化试点县"创建过程中,主要做了以下工作:一是坚持规划先行,引领标准工作。二是确定试点单位,"以点带面"推进。三是聘请专家指导,开展培训考察。四是编制标准体系,贯彻实施标准。五是全面宣传发动,营造创建氛围。2016年12月,阳城县被授予"全国旅游标准化示范县"荣誉称号。

5.行业监管力度不断加大,旅游安全工作常抓不懈

牢固树立安全是旅游业的生命线、安全为天的意识,通过大力宣传,深入各旅游企业进行旅游安全检查工作与督促落实,营造了和谐、稳定、安全的休闲旅游环境。以创建全国旅游标准化试点县为契机,提升旅游整体行业水平为目标,不断加大行业监管力度。定期或不定期地组织各种监督检查,确保旅游服务质量过硬。按照《关于加强旅游市场综合监管的意见》的通知,加大了对餐饮、购物、娱乐、车船等试点企业的检查指导力度,开展联合检查,全县旅游服务水平和服务质量明显提升。

▲ 东冶大院山村

第二节　乡镇形象提炼

近年来，阳城县在加强全域旅游景区、景点和基础设施建设的同时，树立并不断叫响悠然阳城品牌的同时，各乡镇也结合当地的实际在旅游文化宣传活动中培育自己的品牌，打造旅游名片。例如：悠然阳城，康养蟒河；悠然阳城，云水董封；悠然阳城，瑰丽北留；悠然阳城，杏福演礼；悠然阳城，五彩横河；悠然阳城，农耕驾岭；悠然阳城，清风河北等，形成了一种县乡呼应的独特旅游文化现象。这些乡镇围绕悠然阳城这个中心品牌来服务，将自己的地域特色、产业特色、文化特色等表现出来；围绕农民增收这个核心目标，把行动落实在富民增收的目标上；围绕全域旅游这个主线，带动当地主导产业的发展。这些活动的开展，活跃了农村的文化生活，促进了农村农副产品的销售，增加了农民的收入，为全域旅游的发展增了光、添了彩、丰富了内涵。

悠然阳城，幸福凤城。凤城镇即县城所在地，距今已有 1500 多年的历史，古有"万山拱翠、三水环城、雄州雾列、俊采星驰"的美誉，因镇驻地古称"凤凰城"而得名。该镇文化底蕴深厚，人文历史悠久，三庙（孔圣庙、关帝庙、水草庙）两园

▲ 诗意润城

（烈士陵园、西池园林）一院（潘家十三院）传颂远近，"两封国公""八座双隆""十凤齐鸣""十凤重鸣"的历史佳话脍炙人口，这里还是明代工部尚书白所知、刑部尚书白胤谦、清代文华殿大学士吏部尚书田从典的故乡。独特的人文景观、古老的历史传统，加上几十年

▲ 中庄秧歌

来卓有成效的城市建设，使得凤城宛若太行山上一颗璀璨的明珠，居民的幸福指数逐年提升。

悠然阳城，瑰丽北留。北留地处阳城县东部，面积83.7平方公里，辖33个行政村3.6万人，4.5万亩耕地，侯月铁路、晋阳高速路、陵沁线贯穿全境，是大唐集团阳城电厂、晋城市工业园区和国家5A级旅游景区皇城相府所在地，曾先后荣获"全国重点镇""国家园林城镇""全国特色景观旅游名镇""全国生态文明先进镇""山西省环境优美乡镇""山西省百镇建设示范镇""晋城市文明乡镇"等荣誉称号。北留在共和国的版图上仅仅是一个小小的点，然而在北留人的心中，这里是那样美丽、那样厚重、那样神奇。这里是一座浸染着岁月精华的中华文化古镇，是一座气韵翩然、文人辈出、书香飘逸的历史文化名镇，这里有3个全国重点文物保护单位、2个国家级历史文化名村、4个省级历史文化名村。皇城相府书写着一代名相陈廷敬与其家族百年辉煌；郭峪古村依山傍水的城堡，被誉为"古代民居之瑰宝"，海会寺的晨钟暮鼓，仿佛飘荡着岁月深处的历史回声；九女仙湖犹如一块碧绿无瑕的翡翠，静静地闪烁着丝绸般迷人的光泽……北留镇雄浑的历史、秀丽的山水吸引着海内外游客纷沓至来。

悠然阳城，诗意润城。润城镇位于阳城县东部，山西第二大河沁河穿镇而过，是中国历史文化名镇、中国特色小镇、中国民间文化艺术之乡、国家园林城镇、山西省百强示范镇、山西省美丽乡村建设试点镇。全镇总面积72平方公里，辖29个行政村，有3.3万人。

近年来，润城镇坚持全域建设、全景打造的理念，建设沁河沿岸古堡民居连片区、沁河生态休闲观光度假区、沁河文化创意产业园"两区一园"全域旅游大构架，

▲ 全域旅游新闻发布会

打造全域旅游名镇。坚持错位谋划、差异发展、特色打造，推动美丽乡村景区化；开展增绿护绿行动，擦亮全域生态底色；完成上庄、屯城、中庄、润城、上伏 5 个中国传统村落保护修缮项目，铺开中庄、上伏 2 个中国历史文化名村申报工作；开发古堡探秘、观光体验、休闲度假、康体养生等旅游产品，建成了天官王府、中庄李家大院、砥洎城、天坛山、上伏河阳商道古镇、屯城古村 6 个景区（景点），全域旅游业态丰富；挖掘和培育地方特色农产品，润城麦芽枣糕、润城八八筵席、屯城谷柿香醋成功申报市级非物质文化遗产；举办"古堡重镇、诗意润城"旅游文化节，挖掘厚重历史文化，展示地方特色民风民俗，增添文化内涵，为全域旅游注入文化之魂。

悠然阳城，康养蟒河。蟒河镇位于阳城县东南部，地处晋豫两省交界，处于南太行核心地段，镇政府所在地距县城 14 公里。全镇总面积 235.13 平方公里，辖 31 个行政村，8996 户，20428 口人。

蟒河镇境内风景如画，环境宜人。山秀如诗画，水清如碧玉，有山皆奇，有水皆秀，鬼斧神工，妙境天成；猕猴、大鲵、麝、金猫等珍稀动物嬉戏林莽；有活化石之称的红豆杉和享誉全国的山茱萸星散其间；素有"北方小桂林""山西动植物资源宝库"之美称，是阳城县名副其实的"六养胜地"——"观养"公园、"住养"桃源、"动养"乐园、"文养"家园、"食养"庄园、疗养"田园"。2018 年 7 月，中国全域旅游精品推介与旅游项目融资大会组委会授予蟒河镇"中国健康养生休闲度假旅游最佳目

▲ 蟒河猕猴文化节

的地"称号。

作为晋城市首批农、林、文、旅、康产业融合发展先行先试区，蟒河镇紧紧围绕打造"中原市民旅居后花园"目标定位，大力发展乡村旅游、特色旅游、全域旅游，邢西"花开了"甜蜜小镇、天马山庄共享民宿、蟒河高端民宿、盘龙中医养生文化科普园、古硒农场等一批特色民俗民宿体验试点全面铺开；"东观浪漫伊甸养生园""麻娄土峰食疗养生园""桑林茱萸潜阳养生园""盘龙中医科普养生园""古硒有机农业养生园""蟒河负氧离子养生园""花园坪发呆沉睡养生园""东凹归隐田居养生园"等9大养生园雏形初显，"康养＋山茱萸""康养＋林业""康养＋文化""康养＋旅游"等系列"康养＋"全域旅游格局正在形成。

悠然阳城，田园西河。西河乡位于阳城县城西4公里处，总面积38.4平方公里，辖14个村，1.5万口人，耕地1.6万亩。境内资源丰富，交通便捷，区位优越，为全县唯一的国家级环境优美乡镇，是我县首批"省级卫生乡镇"。

"环境就是民生，青山就是美丽，蓝天就是幸福"，2015年，围绕县委、县政府提出的"美丽乡村、田园城市"建设，西河乡现已实施完成了20公里景观廊道基础工程，将现有景观景点串珠成链，初步形成了凤西公园游玩—丰泽蚕桑体验园体验—玉泰农场采摘鲜果—霍山生态园观光游玩—永红农场品尝农家美食—中寨、陕庄林下养殖基地购买无公害土鸡蛋、采摘桑葚—西沟、陕庄大棚购买绿色蔬菜—郭河、西沟

▲ 蟒河山茱萸

参观镇村一体化建设的休闲观光旅游线路。

悠然阳城，养心次营。次营镇位于阳城西南 21 公里，以北齐北周时驻军营地而得名，是阳城西部重要的政治、经济、文化、经贸中心。全域总面积 60.4 平方公里，有 28 个行政村，87 个自然庄，12635 人。

次营素有"晋东南小粮仓""华北蚕桑第一镇"之美称，境内万亩优质桑园，蚕桑产业基础深厚，蚕菌主导产业特色鲜明。2017 年利用侯井古商驿道、对接国家"一带一路"经济战略，将蚕桑产业与文化创意旅游产业融合，大力发展蚕桑文化产业，延伸蚕桑产品，通过庄头农业科技示范园、嶕峣山旧石器遗址公园、赛村蚕桑产业示范园、高阳绿色休闲农庄建设，打造蚕桑文化体验，寻找蚕桑记忆，营造丝路乡愁氛围小镇。

悠然阳城　云水董封　董封乡位于阳城县西南 25 公里处，下辖 23 个村，107 个自然庄，共 3990 户，7735 人，其中农业人口 7526 人，非农业人口 389 人。总面积 216 平方公里，耕

▲ 相府蜜酒

地面积 29165 亩，2 个乡直林场，耕地面积 29165 亩，林地面积 86960 亩，人均耕地 3.68 亩。境内生态优美、交通便利、气候宜人，且拥有凤栖湖、云蒙山、国光洞、上河会议旧址等丰富的旅游资源，具备发展乡村旅游得天独厚的优势。

2014 年以来，围绕县委、县政府"全域旅游"战略，董封乡高度重视，精心组织，全力打造"悠然阳城，云水董封"的旅游品牌。结合"悠然阳城，云水董封"这一发展思路，乡党委、政府先后组织举办了第一、第二届上河红色电影节、"悠然阳城 神奇云蒙"徒步摄影文化节、"金月花溪"休闲农庄开园节等大型特色节庆活动，取得了良好的经济效益和社会效益。

悠然阳城，五彩横河。横河镇位于阳城县西南 48 公里处，全镇总面积 210 平方公里，20 个行政村。全镇置于析城山、小尖山、云蒙山、鳌背山四山环抱之坳，溪源河、盘亭河两条河流穿镇区而过。这里山川秀美，风光独特，"盘亭列嶂""析城乔木"自明清时就位列"阳城古八景"；桑园五彩奇石、红沙丹霞地貌、银洞坪如画山水享誉晋豫两省；原生态的人居环境是人们休闲、旅游、度假的最佳目的地。这里历史悠久，人文厚重，犁镜生铁冶炼被评为"国家级非物质文化遗产"；镇内千峰禅院、水头大庙、宋代的建龙宫等省、市、县各级文物保护单位达到十余个；阳城县第一个农村党支部——索泉岭党支部、中共晋豫特委和八路军晋豫边游击支队在这里成立；晋豫边抗日纪念馆、纪念碑等红色人文景点成旅游亮点，让游客感知横河历史、缅怀革命先烈。

结合"悠然阳城"的旅游品

▲ 上河村"上河会议"旧址

▲ 红色电影《铭心岁月》剧照

▲ 町店战斗纪念碑

牌，横河镇积极宣传和打造以户外天堂、乡风绿韵、秘境寻踪、天然氧吧、红色记忆为主题的"悠然阳城，五彩横河"乡村旅游品牌。精心策划、组织开展了"析城山"杯全国山地自行车邀请赛、"9·17就要骑"中秋摩托文化节、"五彩横河、写意山水"绘画写生、二月二小尖山祈福庙会等特色旅游节庆活动，全年吸引了来自20多个省份的数万游客，带来旅游综合收益近百万元。2016年，横河镇被评为"全国乡村旅游最佳目的地"称号。

悠然阳城，农耕驾岭。驾岭乡位于阳城县中南部，面积75平方公里，全乡境内山峦起伏，沟壑纵横，一道山岭横贯东西，村落散布于岭之南北。驾岭自然风光优美，人文景观丰富，有"六个之乡"（上古文化之乡、三教圣地之乡、红色文化之乡、艰苦奋斗之乡、富硒小米之乡、铁艺传承之乡）之称。

驾岭旅游资源丰富，蕴藏着独特而诱人的魅力。有奇峻巍峨的中华山、三教合一的重复寺，鬼斧神工、光怪陆离的柱脚溶洞、栩栩如生的吊猪岩、周穆王西游园、红苗谷体验园等景观。2017年全力打造"悠然阳城，农耕驾岭"乡村旅游品牌，隆重举办"两节一会一活动"（第二届中华山旅游文化宣传节、首届茹氏宗亲交流研讨文化节、韩国李氏宗亲会文化交流和商务洽谈推荐会、"悠然阳城，农耕驾岭"红苗谷展销活动），拉伸乡村旅游格局，探索具有驾岭特色的全域旅游发展新模式。

悠然阳城，记忆白桑。白桑位于阳城县东南 7 公里处，全乡 18 个行政村，地处城郊，阳济、阳东两线纵贯乡境，马瓜路连接两线，交通十分便利，区位优势明显。

白桑有着厚重的文化历史，白桑人杰地灵，文化资源丰富，历来是智者的大舞台，勇者的创新地，历史上许多先贤先辈书写了许多名垂青史的白桑记忆。市级重点保护文物——洪上范家十三院处处体现着先人的智慧和才艺。据考证，通义申明厅古建筑现在全国仅存两处，非常有保护开发价值，还有许多的古村落、古民居，都在见证着历史和社会的沧桑变迁。20 世纪 70 年代，白桑"一滴水"工程闻名全国，其事迹被拍成电影在全国播映。白桑地处城郊，不光区位优势明显，还有着独特的山水自然生态资源和农牧文化特色。境内有太行、太岳、中条、沁河、获泽河、延河泉、下河泉构成的"三山两河二泉"山水风景区。太行凤栖农业生态庄园，以其 1500 余亩的森林公园和自然景观构成了县城东南独特的山水生态休闲形胜之地。还有炼上的千年古柏，通义千年紫荆树、玫瑰园及沙啦啦农庄，坪头庄的大寨式窑洞、碾磨山村杂粮生产基地，黑小麦、黑花生、黄秋葵、鸵鸟观赏园等特色种养殖，辣椒、枸杞、玫瑰等采摘园以及城郊现代农耕体验区，打铁花、剪纸等地道的民间工艺，等等。所有这些，不但极具生态旅游开展的潜力，而且能为各类群体提供"望得见山、看得见水、记得住乡愁"的高品质休闲健身和旅游体验。

悠然阳城，清风河北。河北位于阳城南部，全镇总面积 200.6 平方公里，辖 35 个行政村，127 个自然庄，总人口 1.6 万。森林覆盖率达 80%，野生动植物资源种类繁多，境内有析城山、麻娄山、五指山、射箭岭、龙潭岭、大乐岭、大峡谷、灵泉洞、后老奅等名山名洞；是流传至今的"河曲智叟""愚公移山"的故事发生地；有记载着 3000 多年中华文明的国家重点保护文物——下交汤帝庙；有明朝正统和成化年间，德名远播的名臣干吏原杰、杨继宗，不私一钱的杨继宗位列当朝"四大清官"之首；有被誉为"太行山上的焦裕禄"式的县委书记孙文龙；有被确定为红色教育基地的阳城抗日民主政府驻地坪泉；有被誉为"满门忠烈"、对越自卫反击战两个儿子双双牺牲在前线的刘斌司

▲ 阳城小吃油圪擦

▲ 全域旅游奖励兑现大会

令员……在这个历史悠久、文化厚重、山川秀美、生态怡人的地方，春有百花秋有果，夏有凉风冬有雪，一年四季，空气清新，景态各异；古朴的村落民居，传统的农事活动，地道的乡土特产，都给人留下美好的记忆，产生无限的遐想。

河北镇以"悠然阳城　清风河北"为主题，以丰富的自然禀赋、深厚的文化积淀、浓郁的民俗风情和完善的服务体系，吹响了兴业富民战役的号角，努力打造全域旅游的重要节点，分别在孤堆底村举办"七一楷模故里"旅游周，在杨柏村举办八月"杨柏山，后老龛"消夏清凉等系列活动，让"厚重文化"释放"厚重能量"，让"美丽风景"变身"美丽经济"，让文化旅游真正惠及黎民百姓。

悠然阳城，魅力东冶。东冶镇位于阳城县东南 21 公里处，阳济公路穿镇而过，侯月铁路纵贯南北，是阳城县直通中原的"南大门"。镇域面积 267 平方公里，为全县面积第一大镇，森林覆盖率高达 76%。东冶镇是一座有着千年文明史的历史古镇、

▲ 东冶镇磨滩沁河湾

▲ 析城山西王母洞

文化大镇，曾以"冶铸之乡"闻名于世，人文底蕴深厚，山川景色秀美，景点星罗棋布，是人们休闲旅游的绝佳胜地。近年来，东冶镇以五大发展理念为引领，围绕建设"旅游名镇、能源重镇、产业富镇、生态靓镇"目标，着力抓好产业转型升级、镇域基础设施、群众民生福祉、从严管党治党四个重点，统筹推进经济、政治、文化、社会、生态文明和党的建设，奋力建设山川秀美、经济繁荣、人民幸福、社会和谐的"魅力东冶"，在决胜全面小康社会的征途中迈出新步伐。

第三节　节庆活动打造

旅游节庆活动是在现有的旅游资源基础上，结合当前国际、国内旅游市场的特点，进行系列活动的设计、包装、宣传和开展，以提高该地区的知名度和美誉度，促进品牌发展。近年来，阳城县开展各类旅游节庆活动，文化、体育、农事搭台，旅游唱戏，吸引了社会各界的广泛关注。

一、县域层面的重要活动

1.以国际徒步大会为引领，举办了一系列活动，有效地提升了阳城旅游的知名度

2016年5月21日，北京国际山地徒步大会晋城·阳城站春季徒步大会成功举办。此次盛会共有来自50个国家，7068人参加。中央电视台、《中国旅游报》《山西日报》以及县各级媒体记者、新闻媒体采编人员和摄影工作者等150余家做了专题报道，声势浩大、反响强烈。共有700余名志愿者、70多名现场医疗救助人员、500多名文艺骨干、800名警力为大会提供服务；17个乡镇、5个A级旅游景区代表、11个赞助商分别在主会场、分会场和两条赛道设展台，展示阳城民俗文化和农副土特产品。严谨的服务保障体系，各具特色的阳城文化展示，成为本届徒步大会的一大亮点。

10月15日，第七届"北京山地国际徒步大会"阳城站在北留、润城镇举办。大会共分三条线路——8.8公里的沁河古堡线、12公里的田园秋色线、20公里的美丽乡村线。共有来自20多个国家和全国各地的徒步爱好者7000余人参赛。

2017年、2018年春秋四届徒步大会相继成功举办，2019年秋季徒步大会正在筹备之中。"北京山地国际徒步大会"阳城站的持续举办提升了"悠然阳城"品牌影响力，带动了体育、文化、休闲、旅游为一体的新兴产业发展，为早日把阳城县打造成为"全国重要旅游目的地"助了力、添了彩。

▲ 国际徒步大会开幕式

▲ 农业嘉年华

2.农业嘉年华活动取得实效

2016年9月9日，首届农业嘉年华在皇城相府生态园隆重举行。本次活动以"创新农业、创意生活"为主题，内容包括三场六馆六园一区，活动办得有声有色，共接待游客10余万人次。农业嘉年华的举办，将传统农耕文化和现代创意农业融为一体，打响叫亮了"悠然阳城"品牌。对推进农旅结合，借助旅游媒介作用，变身农业增长方式，提升农业产业效益，有着十分重要的现实意义。至今已成功举办 3 届。

3. 注重文旅融合、体旅融合，以丰富多彩的文化宣传活动激活旅游市场，吸引八方游客，促进全域旅游

相继举办了"悠然阳城、全域旅游"中国画展、"又见杏花·礼赞春天"全民阅读诗歌朗诵大会。通过文化搭台、文旅结合，引导各乡镇组织开展了悠然阳城、全域旅游系列文化节、民俗风情节、旅游嘉年华等各类文化节庆活动达 60 余场次。为文化产业发展壮大奠定了基础，为阳城扩大开放，推动全域旅游，促进农民增收起到了带动和助推作用。

与此同时，积极夯实体育基层基础，在全县各乡镇建设有文体中心、老年活动中心和体育辅导站，培训二级、三级社会体育指导员 160 余名；成立羽毛球、健身气功等 3 个新协会。从县级层面到各乡镇、各体育协会和组织，相继举办各类体育比赛和群众性体育活动。北京国际山地徒步大会之外，由长跑协会承办的第一届阳城山地马拉松比赛、"全民健身日"系列活动、"万名骑士巡濩泽，悠然阳城誉中华"活动等，吸引了北京、天津、西安、郑州、太原、临汾等地 1 万余名选手参赛。还举办了毽球、门球、篮球比赛以及全国山地自行车赛、农民篮球联赛、阳城沁水象棋友谊赛等大中型体育赛事以及群众性文化体育活动。通过举办一系列赛事，极大地提升了阳城的知名度和美誉度，进一步展示了阳城的灿烂人文和秀丽风光，叫响了悠然阳城的品牌，吸引了世界的目光。同时，激发了全县上下发展全域旅游，加快转型发展的热情和斗志。

▲ 摩托车巡游

二、乡镇举办的活动

1. 杏福小镇活动（演礼乡）

（1）杏花艺术节

时间：3 月底

主题：杏福小镇杏花飞、农业公园农增收

杏花开，呼朋来。识新友、遇故人，精彩活动齐参与。

只要您热爱春天、崇尚朗诵，那么来吧！让我们在这个姹紫嫣红的阳春三月，相约演礼杏花园，共同"又见杏花·礼赞春天"。主要活动内容有：

品味演礼杏花香·相约豪博闹濩泽文艺演出。看演出，得礼品。赏心悦目的是花，满载而归的是情。

徒步乡村。

欢乐骑行。

影映杏园摄影大赛。

（2）芍花养生节

时间：5月上中旬

主题：百草园里赏芍花、药王座前话养生

如果你崇尚养生，喜欢国粹，那么来吧！让我们相约演礼中药材产业园，观芍花、看大戏、品药茶、进养生课堂、听药王典故、请知名中医义诊、体验中药饮品制作，惊喜连连，好戏不断！

2. 温暖芹池（芹池镇）

温暖芹池印记摄影采风

时间：10月

主题：阳陵村游寿圣寺、登琉璃塔、吃"十二素席"、看"贺女婿"酒曲表演；北宜村游汤帝庙、进四合院、登三节木楼看表演；油坊头村购有机农产品、品农家小吃、支竹林探险；庙坡村玩玉米迷宫寻宝、辫玉米、玉米贴画等亲子游戏。

3. 瑰丽北留（北留镇）

（1）皇城相府新春庙会

时间：1—2月

主题："迎福纳祥·行走相府

▲《六福客栈》剧照

中国年"

迎祥纳福过大年、吉祥红包抢起来、不夜皇城游起来、国家非遗驻相府民俗百艺竞风流、舌尖上的中国满足吃客味蕾、乡愁记忆——打铁花，追梦绚烂童年、国际友人来皇城深度体验中国年。

（2）石苑桃花节

时间：4月

主题：游桃园、赏桃花、看节目、品美食、玩游戏、摄美景、饮延河清泉、吃农家野味。

（3）樱花节

时间：4—5月

观北方最大的樱花园，让您沉醉在樱花的海洋。

（4）海会寺——龙泉吟　河东八友书画作品展

时间：5—6月

书画名家同聚海会书院，泼墨挥毫、共叙书画，感受海会书院厚重文化。

（5）郭峪古城摄影展

时间：6—10月

摄影达人游古城、摄美景、住农家乐、品农家菜，亲自体验古城农家的生活情趣。

（6）海会寺曲艺大赛

时间：6—10月

主题：每周末民间曲艺团体走进海会寺，登台比才献艺，有才你就来演一段。

（7）草帽节

时间：7—8月

主题：炎炎夏日，走进相府生态园，观赏形态万千的草帽，走进奇花异草的海洋，一定会让

▲ 天官王府炉峰院

您有一种清凉的感受。

（8）农业嘉年华

时间：7—11月

主题：参加农牧业盛会，参观农牧业新科技，科普农牧业知识，亲身体验农耕文化和喂养新奇动物，体验精彩刺激的游乐项目。

（9）暑期汉字听写大赛

时间：7—8月

主题："圆梦皇城相府·挑战汉字状元"每天分别产生"汉字状元""汉字榜眼""汉字探花"。

（10）教师节系列活动

时间：9月9日—11日

主题："尊师重教　普惠恩师"，每年推出不同的优惠和活动，搭建交流平台，共叙乡村教育发展大计。

4.蚕韵寺头（寺头乡）

（1）桑葚采摘节

时间：5—6月

主题：一树一世界，一果一追寻，走进果香四溢的桑园做一次惬意的品尝，感受口中沁人心脾的滋味；走进养蚕大棚抑或蚕农家中和蚕宝宝做一次近距离接触，感叹蚕茧成型的过程；走进缫丝一线做一次亲身体验，了解丝制品的诞生成型；走进仙翁山中来一次仙人探访，感悟自然进化的神奇；走进乡间村落来一次童年回忆，回味古村的年轮和时代的定格。

（2）三利农庄消夏系列活动

时间：6—9月

主题：6月中旬有"杏"等你，每到周末垂钓大赛，盛夏时节篝火晚会，还有许多时令瓜果蔬菜等你亲手采摘。

（3）金秋十月松树游

时间：10月

主题：松树村四面环山、田园似锦，被世人誉为牛头山下"桃花源"、上党地区

▲ 禹珈豪蚕丝被

"长寿村"。这里有千年古树群、天然白石溶洞，紫少腰等自然景观；这里保留着传统的村庄形态，在丛林中探寻古战场遗迹、在村庄小道上慵懒散步，在朴实农家品尝自然美食，传统和现代在这里恍惚交错。

5. 田园西河（西河乡）

（1）春日赏花节

时间：4月上旬

主题："人间四月花似锦，春风十里西河行"，重点观赏田园绿道沿线千亩油菜花。

（2）夏日水上乐园

时间：7月上旬

主题："夏日闲处坐农庄，绿树荫浓如沐汤"，游览阳城水上乐园精品线。

（3）秋日品果节

时间：8月下旬

主题："秋来霍山瓜果香，比作农人采摘忙"，观光农业，体验农事。

（4）冬日观灯节

时间：腊月二十八至正月十八

主题："待到飞雪迎春至，还来西河观花灯"，挖掘民间技艺，传承花灯文化。

▲ 沙啦啦农场

6. 农耕驾岭（驾岭乡）

（1）中华山旅游文化宣传节。

（2）茹氏宗亲交流研讨文化节。

（3）韩国李氏宗亲会文化交流和商务洽谈推荐会。

7. 凤鸣町店（町店镇）

（1）崦山庙会

时间：4月

主题：重温传统农耕文化祭祀活动。

（2）耕读文化艺术节

时间：8月下旬

主题：清流沃野、凤鸣九天。

（3）耕读文化体验活动

时间：8月下旬

主题：领略当地耕读文化、历史文化、红色文化、现代工业农业成果。切身感受耕读文化与现代文明的完美结合。

8. 养心次营（次营镇）

（1）雩祭文化艺术节

时间：3月

主题：展现非遗文化，传承远古文明。

（2）千亩油菜花观赏节

时间：4月下旬

主题：如约花海，再到庄头。

9.古堡重镇　诗意润城（润城镇）

（1）"东方古堡，诗意润城"旅游文化节，展现地方特色民风民俗。

（2）沁河古堡民居及王国光学术研讨会。

10.康养蟒河（蟒河镇）

阳城·蟒河茱萸文化节

时间：3—4月

主题：何处踏春去　相约黄花道。

▲ 小尖山风光

此外还有横河镇析城山胭粉花观赏节、白桑乡玫瑰节、东冶蔡节的红叶文化节，有凤城镇西关文化节、"传家风、承家训、弘美德"暨潘家庄园中秋灯会、固隆乡的商汤文化宣传活动、董封上河红色电影节、悠然阳城清风河北文化旅游节、固隆乡苹果采摘节、董封乡金月花溪生态农庄开园节、润城镇麦芽枣糕展示及订货会、驾岭张庆鹏红苗谷展销活动、北留镇头南村捕鱼节等。

▲ 蟒河山茱萸

第四节　媒体整体营销

　　宣传营销是旅游业发展的重要工作。能否把旅游的市场做大，不仅决定于旅游产品能否适销对路，而且决定于宣传营销工作做得如何。宣传营销对于旅游产品销售，扩大市场份额，提高国内外客源市场占有率，促进旅游业成为新经济增长点来说，都有着重要的意义。为进一步提高阳城旅游的知名度、美誉度，近年来，阳城县多渠道、多方位进行宣传营销。

　　1.巩固主要客源市场，开展宣传推广活动

　　一是组织全县各大旅游景区和旅行社、酒店赴西安、郑州、石家庄、邯郸、太原等地举办全域旅游推介会，让"悠然阳城·康养胜地"品牌走进周边大中城市。二是围绕重要时间节点，适时推出系列优惠政策刺激旅游市场。春节、中秋节、五一、"5·19"中国旅游日、"9·27"世界旅游日、暑期等重要时段大力度开展景区优惠活动，提高"悠然阳城"的吸引力，招徕更多游客。三是以节为媒，以活动为载体，先

▲ 皇城相府

后对次营雩祭文化节、寺头蚕桑文化节、皇城农业嘉年华、东冶太行红叶文化节、蟒河茱萸文化节等全县的文化旅游节庆活动进行了宣传报道；组织、参与、报道了"广场舞大赛""全国毽球邀请赛""全国优秀声腔展演"等活动，有效整合旅游、文化、摄影、农业、民俗等资源，推进"旅游＋"产业发展。

2.电视剧、微电影、乡村旅游栏目在当地取景拍摄

由张嘉译主演的大型电视剧《白鹿原》、由中央电视台微电影美丽中国频道摄制的微电影《皇城假日》、微电影《美丽乡村那些事》、中央七台《乡村大世界》栏目、《百部少年英才片》等众多知名栏目、剧组到阳城取景拍摄，对宣传阳城的休闲农业与乡村旅游，扩大阳城乡村旅游的知名度和影响力起到了不可估量的作用。

3.阳城旅游网和悠然阳城微信公众平台

为扩大阳城旅游影响力，为广大游客提供真实、可靠、新鲜的旅游信息，阳城县文化和旅游局建网站，建微信公众平台，每天对外发布 1～6 条消息，给游客推介阳城旅游新闻、景区景点介绍、重大节庆活动、乡村旅游文化活动、惠民奖励政策、国家的政策法规等。"悠然阳城"微信公众平台成为旅游宣传的一大阵地，结合阳城县旅游宣传和活动计划，连续发出旅游信息 2000 余条，及时发布旅游资讯，强化"阳城印象"。

4.融合各界媒体，构建立体营销体系

邀请央视专业团队精心录制《"全域旅游"在阳城》专题片，在央视十八套《老故事》栏目播出；央视、山西卫视、晋城电视台等主流媒体多次播放皇城相府、蟒河、天官王府等景区关于黄金周、旅游节庆活动的新闻。

与《人民日报》《中国旅游报》《山西日报》《山西晚报》《太行日报》、假日旅游专刊等传统媒体合作，推出"悠然阳城"系列报道。

高速广告宣传。"悠然阳城"的户外宣传广告走进长治、襄垣等服务区，在长晋高速、太长高速等各高速出入口、高速横梁、擎天柱上投放"悠然阳城"的各类宣传广告。

邀请专业团队创作完成了 30′、20′、15′、10′、8′、6′、3′、30″、10″等适合各种推介活动的"悠然阳城"宣传片。

邀请了专业团队编程，创建推出了以"食、住、行、游、购、娱"为主题的

阳城旅游小程序。

5.立体式宣传加强旅游品牌营销

举办了首届中国"一带一路"与古丝绸之路重要货源地旅游发展论坛；以第八届徒步大会为契机，组织完成了阳城县"邀老乡、回故乡、建家乡"创新创业活动。加强外宣工作，持续开展"悠然阳城""美丽乡村休闲游"为主题在海内外的全媒体宣传。加大在新闻、微信、微博等互联网新媒体的宣传力度，利用"悠然阳城"微信公众平台每天及时推出文化旅游信息，实时跟踪各乡镇的文化旅游节庆宣传活动。坚持"走出去，请进来"的宣传战略，加强重点客源市场和潜在客源市场的宣传推广。在太长高速公路投放了"悠然阳城，全域旅游"形象宣传广告；在《中国文化报》《山西日报》《山西晚报》《山西农民报》《太行日报》、中国网、黄河新闻网等媒体发布信息，大力推广悠然阳城旅游品牌；组织景区组团外出进行推介。组织开展百万粉丝走进"悠然阳城"暨2017年全国网络媒体阳城行大型采访活动，40余家网络媒体记者参与采访报道。

第八章

结对帮建"农家乐",
全面推进乡村旅游

　　阳城县生态环境优美、人文资源丰富，冬无严寒，夏无酷暑，四季分明，气候宜人，特别是既有以皇城为代表的沁河流域的古堡民居人文资源，还有南部1200平方公里的生态资源，发展全域旅游具有得天独厚的优势。近年来，基于阳城县90%的地域是农村、90%的户籍人口是农民的县情实际，该县认真贯彻"绿水青山就是金山银山"和"生态优先、绿色发展"等新理念，突出把休闲农业和乡村旅游作为产业转型的主攻方向，作为促进农民就业增收的重要渠道，作为解决"城镇化路上的'三农'问题"的重要抓手，按照"全域整合、全景打造、全业融合、全民参与"和"乡村旅游、全域旅游、四季旅游、全民旅游"的总体思路，在抓好美丽乡村建设的基础上，以"农家乐"建设为突破，按照"先起步、后规范、再提升"的要求，连片规划、突出特色，大力推动城乡居民就业增收，把"种农田"变为"卖风光"，把"美丽风景"变身"美丽经济"，逐渐形成了"悠然阳城"特色的农家乐品牌。

第一节　科级干部"结对帮建"强起步

　　对旅游发展来说，全域不全域，关键在乡村。要发展全域旅游，要从发展旅游的

▲ 蟒河地表钙华景观仙人桥

"景区模式"向"完整的旅游目的地"转变,重要的是要把除景区(点)之外的乡村进行综合环境治理和景观化改造,进行设施配套,实现公共服务和旅游服务的延伸,把乡村旅游的活力释放出来。如何在全域旅游示范区的创建过程中,发挥独特的乡村旅游潜力优势,大力发展乡村旅游,阳城走出了一条"科级干部一对一结对帮建"的特色之路。

2014年,阳城县委、县政府把践行党的群众路线与"下基层、接地气、转作风、促发展"有机结合,科学提出了在县直单位科级领导干部中开展"结对帮建农家乐"主题实践活动。县委、县政府决定按照"先起步、后规范、再提升"的要求和"四优先"(即:优先在景区所在村及周边村规划建设农家乐、优先在有积极性的农户中发展农家乐、优先在有条件的农户中发展农家乐、优先对二星级农家乐进行提升改造)原则,以县直单位科级干部为主体,连片规划、突出特色,首先以5个乡镇为重点,集中在东冶镇蔡节村、横河镇中寺村等村庄建设一批农家乐示范户、品牌村,采取"一对一""点对点"的结对帮建方式,以点带面在全县17个乡镇发展农家乐。为鼓励农民兴办"农家乐",该县对"农家乐"采取了直补,每户农家乐建成验收合格后直补1万元。

2015年,阳城县出台《关于加快以旅游为导向的美丽乡村建设的指导意见》,推

▲ 濩泽河

动乡村旅游发展，做大做强旅游产业，努力实现"旅游兴县"，着力打造"悠然阳城"。坚持"围绕旅游做农业、围绕农民抓旅游"，着眼"乡村旅游、全域旅游、四季旅游、全民旅游"，突出农民主体，全方位、大力度推进美丽乡村、休闲农业和乡村旅游相生共促、融合发展，在全县 18 个乡镇展开，共 88 个村、525 户。帮建工作继续实行县直科级领导"一对一""点对点"的结对帮建办法，以"农家乐建设与美丽乡村连片建设相结合""休闲农业产业布局相结合"和"标准化、规范化、集聚化"为原则，规划建设了一批"布局合理、设施完善、特色鲜明、带动力强"的新型农家乐。仅这三年，县财政在这一项的投资就达到近 1000 万元，拉动社会投资 8000 多万元，带动每户农家乐年均增收约 3 万元。

第二节　创新探索农家乐扶持新模式

农家乐旅游发展主体是农民，如何调动农民的积极性，发挥农民的主观能动性，为发展乡村旅游添薪加柴，政府在其中的因势利导、动力促进作用不可或缺。阳城在发展农家乐，促进乡村旅游发展上的扶持经验就是：顶层设计、规范引导、政策扶持、上下联动。

（一）统筹谋划部署，典型示范带动

阳城县主要领导亲自挂帅，统筹农业、旅游、安监、交通等各部门的力量，成立了"阳城县旅游产业发展领导组""阳城县休闲农业和乡村旅游发展领导组"，建立了联席会议机制，明确了各职能部门的工作职责，对乡村旅游工作进行统筹谋划部署。

坚持规划先行。阳城县编制了《休闲农业与乡村旅游发展规划》，提出要打造"一心四区"，实施了"美丽乡村、田园城市，产城融合、城乡一体"的发展战略。从2013年起，启动了美丽乡村连片区建设，制定了"一带四区"连片区建设规划。"一带"即以东起磨滩、西至董封，串珠成链的美丽乡村休闲示范带；"四区"即沁河芦苇河明清古堡区、横河析城山山地景观区、蟒河生态休闲区、县城周边郊野体验区。并明确了每个区域的发展目标和建设重点。为全县乡村旅游发展提供了科学的行动方案，使产业发展步入了科学化、标准化的轨道。

实施典型示范。阳城县把北留润城片区 22 个村庄 57.36 平方公里作为先行启动区。投资 2 亿元，完成了 38 公里的车行道、休闲道路系统建设，以及 15 公里沁河、

▲ 凤西公园

樊溪河河道治理和 5 个村民活动广场的改造升级；建设了 4 个森林公园、9 处采摘园、4 个驿站、7 个观景台；打造了一批大地景观以及刘善 200 亩经济作物示范园、郭峪 15 套半亩园、史山林业教育基地、大桥休闲渔园等。通过这一先行示范区的建设，带动全县上下对发展乡村旅游达成了共识，对建设美丽乡村充满了信心。

（二）制定从业标准，实行政策扶持

为规范乡村旅游发展，阳城县制定行业从业标准，规范了从业行为。针对乡村旅游中的农家乐、酒店、餐饮、休闲等主要消费环节的服务制定了规范和安全标准，出台了《阳城县农家乐（休闲旅游）项目申报标准》《阳城农家乐操作实务》《阳城农家乐特色游旅游指南》《关于优化服务环境、促进"农家乐"健康发展的意见》等，对农家乐宣传营销推介、建设审核、证件办理、税费减免等相关的政策进行了梳理、简化和规范，健全了乡村旅游质量监管体系，完善了乡村旅游建设标准。

为鼓励农民兴办"农家乐"，他们对"农家乐"采取了直补，每户农家乐建成验收后直补 1 万元。仅 2018 年，县财政在这一项的投资就达到近 1000 万元，拉动社会投资 8000 多万元，带动每户农家乐年均增收约 3 万元。同时，灵活运用政策激励，把危房改造与农家乐建设相结合给予资金扶持，进一步激发了干部群众的积极性、主动性和创造性。在全县范围内开展以服务农户为主的 SYB（创办你的企业）创业培训，对全县农家乐、种植户、养殖户等进行创业意识、服务技能、经营理念、营销理念等专项培训。

（三）上下联动，充分调动各方的积极性和主动性

阳城县委、县政府连续两年以 1 号文件来布局全县乡村旅游工作，2015 年以 1 号文件发布了《关于加快以旅游为导向的美丽乡村建设的指导意见》，2016 年又以 1 号文件发布了《关于推进休闲农业与乡村旅游产业融合发展的实施意见》。在全县形成了支持乡村旅游发展的浓厚氛围，规划局、旅游局、公路局等单位各司其职，协作共建。2014 年，阳城县开展了科级干部"结对帮建农家乐"主题实践活动，县直单位 350 多名科级干部进驻 5 个乡镇的 441 个农户，帮助农民解决了大量的实际问题。

2015年，全县第二批科级干部结对帮建农家乐共525户，已在全县18个乡镇全面铺开。在基层，广大干部、群众的积极性和创造性空前高涨，标准化的农家乐如雨后春笋，漂流、滑草等特色项目不断涌现，带动了山茱萸、木耳、蜂蜜、核桃等农产品的生产和销售及整个农村经济的全面发展。

第三节 合作经营规范管理

围绕"创建国家全域旅游示范区"的总目标，阳城乡村旅游以规范化管理农家乐为突破口，大胆探索，勇于突破，在实践中逐渐形成了阳城农家乐三种创新管理模式。

（一）"农家乐＋合作社"管理

东冶镇磨滩村是阳城县农家乐合作社的起源地。早在1994年侯月铁路通车后，每到双休日、节假期，河南游客蜂拥而来，游人如织，带来了磨滩村的旅游。刚开始大家单打独斗，低价竞争。后来在县政府的帮助和指导下，村里采取合作社的形式，统一标准，统一采购配备设施，统一安排接待游客，很快这一模式就为大家纷纷效仿。阳城县农家乐合作社逐渐形成规模，成立了山里人家农家乐合作社、古城新区农家乐合作社、天官王府休闲人家农家乐合作社等20多家合作社。

（二）"农家乐＋公司"管理

随着皇城相府旅游集团的发展与壮大，皇城相府景区也以丰富的文化内容和优越的环境吸引了国内外广大游客。为让游客在景区内能够得到"食、住、行、游、购、娱"六个方面的完善服务，皇城相府景区利用村民家居住室兴办家庭宾馆。皇城相府集团成立了专门部门管理农家乐，形成了一个"统一标准、统一管理、统一纳税"的三统一。统一标准就是各个家庭宾馆要办成二星级标准，内部设施和服务水平都要达到这个标准。统一管理就是一个专门领导协调各方面工作，对各户家庭宾馆的安排客

▲ 山里人家农家乐

人情况和内部情况统一安排，避免了各种矛盾的产生。统一纳税就是指客人住宿费用由专人负责登记、收费，然后交纳管理税收，这样做既解决了客源的合理分配，又解决了税收的及时上缴。同时制定了"211"督促检查制度。"2"就是每个月对家庭宾馆的卫生、环境、设备、服务水平等内容检查两次。"1"就是每个月对两次的检查情况及平时发现的问题给予通报和讨论解决办法，对表现好的给予表扬、奖励，并累计入全年总评的分数。"1"就是全年进行一次业务培训和考核。

（三）"农家乐+合作社+公司"管理

河北镇孤堆底村以红色景区孙文龙纪念馆为依托，建成 25 户农家乐。2012 年村里吸引社会资金成立了合作社，依托红色旅游发展休闲农业。2014 年，孤堆底成立了孙文龙文化旅游发展有限公司，以科技兴农、生态富农、旅游兴农为主线，以产业化、现代化发展为重点，采取"农家乐+合作社+公司"的形式，主打生态观光、采摘游乐、科技示范、休闲度假四个品牌，带动农民致富增收。公司负责营销宣传、开拓市场。合作社负责管理协调。农户在接受公司的培训，合作社的沟通协调后，负责提供富有特色的农家乐产品，有序地提供旅客住宿、餐饮和娱乐等服务，三方优势互补，实现了共赢。

通过三种农家乐管理模式的创新探索，在阳城形成了一批可复制、可借鉴的农家乐发展经验，有力地推动了阳城乡村旅游的发展。

第四节　发展农家乐，推进乡风文明

通过建设农家乐，阳城的农户自身生活方式、生产方式、人际交往和村容村貌实现了巨大改变，为推进阳城乡村振兴战略实施，特别是乡风文明建设做出了积极的贡献。

（一）生活方式的改变

农家乐建设，表面看是硬件设施的建设，究其实质是生活方式的转变。在建设过程中，农家院落由满足自身居住转向对外经营。游客的到访，影响和改变着农户。过去，农户院中的农具、杂物等以方便为由随处摆放，上厕所要跑到院外，起夜要打手

▲ 林源开心农场

电、用便桶。现在，家家户户对农具、杂物都进行了归置，多数农户在房间、院内设置了卫生间，上厕所也不用跑到院外了。

（二）村容村貌的改变

通过农家乐建设，村集体也对村内的道路沿线进行了"绿化""亮化"和"美化"等配套建设。多数村成立了专业环卫队，对村内环境实行责任区划分。村内垃圾乱堆乱放的现象极大地减少了，过去的"三堆六乱"现象发生了彻底改变。

（三）人际交往的转变

以前的农户大多将"乐"字放在吃上，有人戏称为"白天吃玉米糁，晚上支摊打麻将"。现在，则把体现农村生产、生活方式等方面的延伸产品也纳入"乐"的内容，而这些需要当地居民的密切配合。农户渐渐知道传统生活方式也可以折现，让他们更加保护传统，人与人之间的关系更加密切，人际交往更加紧密。

▲ 蔡节驿站

（四）生产方式的转变

以前的农民靠天吃饭，自从开发了农家乐，农民不需要下地干活，只需要动动手指头，动动脑就可以在家轻松挣钱，彻底改变了农民"面朝黄土背朝天"的命运。

第五节　形成经验，建立长效机制

阳城县创新开展的科级干部"结对帮建农家乐"活动，为全县党政领导干部支持乡村旅游发展搭建了平台和桥梁，为规范发展农家乐旅游提供了强有力的发展动力，形成了阳城农家乐旅游长效发展机制，具有典型的推广示范意义。

（一）行动迅速，领导干部率先垂范

阳城县委召开动员大会后，科级干部就深入到帮建农户，迅速完成了对接摸底，制订了帮建方案。时任县委常委、常务副县长许卫星带领七名副县长主动请缨，参加"结对帮建农家乐"活动，对这次帮建活动真正起到了率先垂范的作用。

（二）规范指导，确保高标准建设

阳城县委、县政府在与农家乐涉及片区相关乡镇主要领导充分讨论的基础上，编制了《阳城县农家乐（休闲旅游）项目申报标准》《阳城农家乐操作实务》和《阳城县农家乐星级评定及服务规范标准》等规范标准。在动员会上，对全县参加帮建活动的科级领导干部，从准备建设农家乐、怎样建设农家乐、阳城农家乐的现状及发展、农家乐发展典型案例等方面，进行了《阳城农家乐操作实务》宣讲，使帮建干部对农家乐有了感性认识。同时，县旅游局及时将《阳城县农家乐（休闲旅游）项目申报标准》《阳城农家乐操作实务》和《阳城县农家乐星级评定及服务规范标准》发放到帮建干部和农家乐经营户手中，并对规范标准逐项进行讲解，使帮建干部和农户对农家乐有了理性的理解，达到了社会全员认真学习编制的规范标准，主动与帮建单位、帮建乡镇和农户对接的良好效果。这些规范标准的出台，主动的对接活动，确保了农家乐建设的标准化推进。

▲ 横河镇中国乡村旅游最佳目的地荣誉证书

（三）思想统一，真诚帮助不动摇

各帮建单位一把手都将思想统一到活动中来，亲自带队深入各帮建农户，登门摸

底，认真听取各户情况介绍，做记录，填写情况摸底表，对各户情况进行细致的了解。帮建单位和帮建人在帮建过程中，不仅献计献策，同时还根据单位和个人优势为农户提供政策、物资和资金扶持。各位帮建干部更是多次深入帮建农户，从改造方案的制订、设施的购置、标牌的制作等多方面进行全方位的帮助。面对那些对帮建活动持怀疑态度的农户，帮建干部给他们再三讲解县里的旅游思路、旅游发展方向，使农户真正看到了农家乐发展的趋势，增强了农户的信心，让农户真正自愿加入旅游行业。有些帮建个人，在农户资金困难的情况下，自掏腰包为农户垫付建设资金，通过人脉资源为农户搞建设。

（四）片区互动，互帮互学促建设

在帮建活动过程中，为提高农户对农家乐的认识，增加农户建设的信心，县旅游主管部门主动作为，积极与帮建乡镇配合，组织农家乐经营户进行参观学习活动。如蟒河镇组织农户到皇城村，横河镇组织农户到蟒河景区、东冶蔡节村，上庄村组织农户到陕西袁家村等。通过帮建片区互相参观学习，新建农户与老农家乐业主的交流，开阔了农户的视野，增强了信心，大大促进了农户建设积极性。

（五）阳光作业，认真负责抓验收

阳城县监察局、县财政局、县旅游局及相关乡镇有关人员组成了验收组，采取集中联片、百分制考核的办法，根据验收评定标准合理对农家乐经营户进行验收。在验收时，各帮建人按照要求都在农家乐经营户中进行等候，配合验收小组工作。各验收小组在认真打分的基础上，为各户评定出分数，在验收报告上签字，并为各帮建人和农户进行了讲解，指出了建设中存在的细节问题，指明了下一步努力方向。同时，各验收组将验收情况做了详细记录，并拍摄了图片资料。

进入大众旅游时代，随着游客接待量的不断增大，游客个性化、主题化、多元化消费需求不断增多，原有的各家各户、单打独斗式农家乐逐渐不能满足游客的阶梯化需求，农家乐的连片区建设势在必行。为此，阳城县开始实施农家乐集中连片区建设工程。在重点实施3个农家乐集中连片区的同时，还鼓励发展种植、养殖、采摘、加工、餐饮、垂钓、住宿、旅游等休闲为一体的庄园式农家乐。目前，在阳城县创建国家全域旅游示范区的进程中，农家乐旅游作为全域旅游的重大创新示范工程，正在发挥着越来越重要的作用，以全县科级干部一对一结对帮扶农家乐旅游的宝贵经验，值得在全国、全省，特别是扶贫旅游富民的进程中，以使更多的地区借鉴吸收，得到大力推广。

发展「农林文旅康」产业融合

第九章

　　推进"农林文旅康"融合发展是山西省委、省政府贯彻落实党的十九大精神，推动乡村振兴的重大战略举措。2018年12月，省政府办公厅下发了《关于开展农林文旅康产业融合发展试点的通知》（晋政办发〔2017〕179号），将晋城市确定为农林文旅康产业融合发展整市推进试点。阳城县于2018年5月制定了《阳城县农林文旅康产业融合发展试点先行区实施方案》，全力推进农林文旅康产业融合发展示范区建设，并将蟒河镇确定为"农林文旅康"产业融合发展先行示范区试点乡镇，带动了全民参与全域旅游建设的积极性。

　　"农林文旅康"是生产、生活、生态"三生共融"的一个新概念，是一产、二产、三产融合发展的一个新模式，也成为阳城县推动乡村振兴的一个总抓手。推动"农林文旅康"融合发展，将有效补齐"三农"短板、夯实"三农"基础，为实现阳城县确定的生态美、百姓富、县域强这个大目标奠定基础。

　　推动"农林文旅康"融合发展，将让"绿水青山"变成"金山银山"，让增收的独木桥变成高速路，让少数富裕变成共同致富，但在推动这个"变"的过程中，绝不能改变农村土地集体所有制，绝不能触碰耕地红线，绝不能损害农民利益，绝不能破坏生态环境。这"四个绝不能"，是"农林文旅康"产业融合过程中应遵循的原则。

▲ 绿道

第一节　产业融合阳城引擎

一、推进以康养为核心的产业融合

阳城县"农林文旅康"产业融合发展，核心是"康养"。康养是达到一定生活水平，寻找更加舒适生活的一种体验。康养既可以是体育、运动等健身活动，又可以是休息、疗养等养生行为，还可以是修身、养性的精神体验。随着人们对美好生活的追求日益迫切，随着大众旅游时代的到来，康养已成为"生活必需品"。

阳城南部山区1200平方公里的天然氧吧里，康养所需的生态系统一应俱全。阳城县将依托这些生态系统，打造康养生活的体验平台，建"养眼的景观、养生的产品、养心的体验、养老的乐园"，让住在这里的人自豪，让来

▲ 阳城小吃烧肝

到这里的人向往，让年轻人在这里养身，中年人在这里养生，老年人在这里养老。因此，"康养"是"农林文旅康"的大主题，通过"康养"，来串联当地其他产业和领域，促进康养产业与农业、林业、文化、旅游等产业深度融合发展，形成满足各类人群需求的、多样化的康养产业链条。

（一）康养与农业融合

阳城县围绕休闲农业做足文章，加快发展休闲度假、康体健身、赏花摘果、乡村美食、农事体验等新业态，探索建设现代农业产业园、田园综合体、农业特色小镇、田园养生院落等新产业。同时，阳城县还植入共享经济平台，利用空心村、闲置农房、荒坡荒地，让市民、企业与农民合作，发展共享客栈、共享农舍、共享农场、共享农庄，逐步形成"休闲农业支撑康养产业、美丽乡村成为康养基地"的发展格局。以阳城薰衣草庄园为例，该景区占地300亩，是农业与康养旅游融合发展的典型案例，庄园在传统农业基础上，植入康养旅游元素，产生了聚变效应。蟒河的古硒农场挖掘山茱萸特色，扩大山茱萸种植面积，三年新发展100万株进行精深加工，大力开发山茱萸药品、酒、茶、枕头等系列产品；并挖掘文化价值，开展"重阳登高"等节庆活动，将山茱萸打造成全国地标性产品，形成较大的景观效益、生态效益和经济效益。

（二）康养与林业融合

阳城县森林植被覆盖率较高，依托"森林康养"资源，设计了一系列"树屋酒店"，增加康养体验特色，开创阳城特色的树屋康养酒店，将民宿改造成康养木屋，融入旅游要素特色，主打森林康养的品牌，大力改善森林康养公共服务设施条件，着力发展游览、观光、疗养、体验、养老等相融合的森林康养产品，逐步形成太行1号国家风景道和西蟒旅游专线带动、乡村道路辐射的森林康养产业带。产业带以现有的森林植被为主，让游客在森林中体感更舒服，通过森林降低人体皮肤温度，使人呼吸变得缓慢而均匀；同时，森林中负氧离子丰富，是疗养的绝佳地方。

▲ 古硒农场

（三）康养与文化融合

没有文化，就没有灵魂，就没有生命力，就不能持久。阳城县要将商汤文化、农耕文化、红色文化等文化资源，植入康养项目和产业中，让康养能够养心养神，更有内涵和趣味。比如太极拳文化，河南陈家沟因太极拳享誉全国，其始祖王宗岳祖籍是阳城人。当地利用这样的人文资源，挖掘阳城太极拳文化，积极邀请太极名家，开展太极拳论坛、讲座、比赛等文化交流活动，打造太极拳养生胜地。在中医药文化方面，除了山茱萸，还发掘利用更多的野生中药材和道地中药材，并在盘龙村建设了中医养生文化园，聘请全国知名国医大师坐诊，设计高品质治病、理疗、养生方案，举办中韩、中日以及海峡两岸等知名中医养生论坛，打造独树一帜的国医康养基地。

（四）康养与旅游融合

1. 充实新业态，打造升级版蟒河

提档升级蟒河景区，用好各类"国家级"称号，通过引进战略合作伙伴、实施PPP项目等方式，充分挖掘自然风光、珍稀动物等生态优势中的康养因子，扩大景区体量，丰富景区业态，提升景区品质，逐步将蟒河景区打造成国家5A级景区，加强景区的"消夏、休闲、康养、度假"核心功能定位。

2.引导新生活，打造健康版蟒河

阳城县依托蟒河丰富的山地水体，开发各类旅游产品和线路，以健走、骑游、登山、露营、户外拓展等运动休闲项目为延伸，建设探险、攀岩等极限挑战基地，举办山地马拉松、山地自行车等体育赛事。近期，利用蟒河景区资源优势，开发建设疗养区、养生园、日间照料中心、深呼吸小镇等，探索发展"空气理疗＋远程医疗"为特色的养老度假区。远期，还将开发蟒河地下含有丰富矿物质的盐水水层以及地热资源，发展温泉养生、温泉运动、温泉酒店等温泉产业，建设温泉度假区。

3.提升新医疗，打造创新版蟒河

阳城县在医疗康养的基础上，利用现代医学技术，实现医疗技术的创新和升级换代，探索引进干细胞研发、转化以及尘肺检查、治疗的尖端前沿技术，建设全国煤矿职业病检查治疗和干细胞研发治疗机构，让全国的煤矿职工来蟒河治病、疗养、度假。

二、推动产业融合的基本遵循

阳城县"农林文旅康"融合发展是一项创新性实践，当地坚持试点先行、以点带面，在探索中完善思路、推进工作，注重土地利用、生态保护、特色产业、空间建设规划的相互衔接、有机融合。

（一）突出项目支撑、做到有的放矢

抓住了项目就抓住了牛鼻子，产业融合必须以项目为载体和支撑点，把工作部署目标化、具体化、项目化。阳城县在推进产业融合过程中，当地集中力量，将盘龙村古硒农场滋补康养及中医养生文化科普园、东观香满路浪漫沉睡森林庄园、麻娄坪山茱萸土蜂蜜养殖基地、下桑林山茱萸体验养生馆、押水村东凹古村落客栈、蟒河村窟窿山共享农庄等重点项目作为龙头引擎，集中攻关、重点推进。

（二）注重乡土气息、做到能接地气

乡土气息，是乡村区别于城市的基本特征，也是乡村的独特魅力所在。阳城县在

▲《康熙王朝》剧照

推进"农林文旅康"产业融合发展的过程中，坚持保护乡村景观的乡土气息，符合乡村实际，遵循乡村发展规律，体现田园风貌，彰显传统文化符号，使农村更"像农村"，留得住青山绿水，记得住乡情乡愁。坚决不用建设城市的思路改造乡村，把城市的布局方式简单复制到乡村，在乡村搞大拆大建，把乡村变得不伦不类。同时，注重乡村开发的"商业化"尺度，不建过多的人造景观破坏景观的原生态，把优美的生态环境作为宝贵的文化旅游资源保护和利用起来。

（三）彰显个性条件、做到特色鲜明

推动农林文旅康融合发展，既要有"颜值"，更要有"气质"，既要有好看的外观、更要有"有趣的灵魂"，要努力呈现原生的田园风光、原真的乡村风貌、原味的历史质感。乡村之美，美在特色、贵在特色、难在特色。阳城县在建设过程中，注重乡村差异性、多样性，找到不同乡村的"性格"，内外兼修，多角度、全方位发掘乡村的个性和特色。从外在来说，融合乡村所处地域的自然环境特色，让人感觉舒适、不突兀。从内在来说，注入生态文化、历史文化、民俗文化等元素，深挖历史古韵，弘扬人文之美，培育村落的独特气质。

三、产业融合的阳城经验

（一）先行区的成立

2018 年 7 月 27 日，阳城县"农林文旅康"产业融合发展蟒河先行区建设动员大会在蟒河镇举行，成立了"农林文旅康"指挥部、先行区管委会、"三变"改革领导组三个机构，标志着蟒河镇"农林文旅康"先行区正式成立。

（二）先行区的工作

省、市两级要求三年内将蟒河镇建设成为"农林文旅康"产业融合发展试点，阳城县委、县政府将蟒河确定为"农林文旅康"产业融合发展先行区，将蟒河打造成"晋城面向中原最前沿的后花园"，对蟒河镇重点关注、重兵部署、重金扶持，出台《关于推进蟒河先行区建设的指导意见》，撬动"农林文旅康"产业融合发展，将蟒河打造成产业融合新引擎。

先行区主要工作体现在"三变"上，通过"三变"实施，完成了三个村的集体资产清产核资和个人可变资源资产登记摸底、成员身份界定，起草了股份经济合作社章程，成立了股份经济合作社。同时，立足村情，蟒河、邢西、押水三村分别确定了"公司＋合作社＋农户"助推乡村振兴、"花开了，甜蜜小镇"引朱金凤凰和"股份经济合作社＋专业合作社"助推民俗新业态的产业主题。蟒河镇推开10个项目，完成投资3495万元。桑林山茱萸康养园项目建成了山茱萸产业园文化广场和三个山茱萸加工基地，其中300亩山茱萸产业示范园的土地"三变"合同签订完成，正在栽植大树。建成了10万株山茱萸育苗基地。麻娄坪甜蜜谷项目已在麻娄坪投放土蜂300余箱，建成了土蜂养殖孵化基地。东观"花开了·甜蜜小镇"项目，新建了邢西至东观旅游道路1.2公里，新装220千瓦变压器1台，完成了油用牡丹、玫瑰种植200亩，

▲ 国家级非遗阳城生铁冶铸雕塑

基本完成提水工程、门楼、小木屋建设。盘龙中医科普养生园项目总投资 100 余万元，完成了千亩有机油菜园种植。蟒河古硒养生农庄（二期），铺通了入场水泥路、创意路 800 余米，新建怀旧民宿一套、体验式贝壳房 6 套和跑马场一座。天马山庄共享民宿，成立了康霖农宅合作社，54 户 3000 余平方米闲置房屋已入社，拆除旧房三院，完成了两座共享民宿打造，正在实施道路拓宽提质工程。蟒河高端民宿先行先试区建设，完成了项目规划设计、危旧房屋拆除、古树保护修复、高端民宿场地平整和挡墙修建等，预计年底建成 3～4 套高端民宿。阳城县"农林文旅康"实用人才实训基地，计划投资 200 万元，现已完成招标工作。新建蟒河景区游客集散中心项目，完成了土地流转，正在"三通一平"。

（三）先行区的经验

1.组建机构，配备设施，保障先行区工作顺利开展

为保障阳城县"农林文旅康"各项工作顺利开展，作为新建机构，首先是做好人员配备、办室选址、设施设备配套等基础工作。

一是成立机构、出台措施。阳城成立了县委书记、县长双总指挥的蟒河先行区建设指挥部，县委、县政府相关分管领导为副总指挥，负责制定先行区建设的政策和体制机制协调解决关键问题，出台了《关于推进蟒河农林文旅康产业融合发展先行区建设的指导意见》，确保了各项工作的顺利推进。

二是组成部门、抽调人员。抽调精兵强将。根据县委、县政府要求，分别从农委、林业、住建、国土、环保、财政、文旅、阳泰等主要部门抽调主力，组建先行区管委会、"三变"改革领导组，确保人员配备。

三是分区办公、保障联络。为保证先行先试中各项工作的交流沟通，在阳城报社旁设立管委会办公室，在蟒河镇设立"三变"改革领导组办公室。

四是物质供给、配套设施。配备办公桌椅、电脑、打印机等必要的办公用品，为正常开展工作提供基础设施。

2.积极调研，确定项目，加快先行区建设步伐

管委会成立以来，指挥部高度重视，带领管委会、"三变"领导组深入蟒河先行区，进行调查摸底，确定先期启动项目，推动"农林文旅康"产业融合发展先行先试。

一是展开调研，摸清底数。管理委利用两周时间先后在蟒河镇邢西村、蟒河村、麻娄坪村、宫上村等 20 余个村 30 余个自然庄进行调研，了解村情民意、人口分布、土地利用、地理区位等相关情况及各村适合发展项目，哪些村重点布局，哪些项目属"短、平、快"可先行发展。

二是抓住重点，分级落实。经过多次讨论研究，根据各村实际，确定邢西乡村记忆示范村建设、东观甜蜜小镇建设、桑林山茱萸康养园、蟒河高端民宿先行先试区建设、盘龙中医药养生文化科普园、天马山庄共享民宿、麻娄坪甜蜜谷、新建蟒河景区游客集散中心等 20 项先行先试项目工程，作为当前先行区建设重点项目。

三是重塑架构，推动"三变"。"三变"改革领导组针对先期启动项目，在邢西村、蟒河村、押水村结合农村集体产权制度改革，展开"三变"工作试点，全面摸清各村集体资源、资产和个人可变资源、资产，为"资源变资产、资金变股金、农民变股东"的"三变"工作奠定了良好的基础。

四是启动项目，快速推进。在确定了主体项目目标后，从土地整合、规划制定、数据提供等方面配合各村快速开展。目前，蟒河高端民宿示范区羊圈沟民宿中心建设，押水天马共享民宿建设工程建设，邢西东观木屋、集装箱共享农庄建设，古硒农场怀旧民宿建设，麻娄坪甜蜜谷建设等各项工程均已取得初步进展；桑林山茱萸康养

▲ 绿道

园的山茱萸栽植已基本完成打坑工作；以盘龙中医药养生文化科普园为中心的大地景观建设，已完成1000亩油菜花种植，并且长势良好，进展顺利。

（四）强化学习，大力宣传，铆足项目建设后劲

1. 积极部署、深入学习

蟒河先行区建设动员大会以后，阳城各级深刻领会蟒河先行区"农林文旅康"产业融合发展的重大意义。深入学习《关于推进农林文旅康产业融合发展的实施意见》，参加县里组织的《关于推进农林文旅康产业融合发展试点的实施意见》专题辅导。通过不断的学习培训，大家认清了形势，增强了发展"农林文旅康"产业的决心和信心。

2. 强化宣传、全面参与

▲ 农业嘉年华

"产业发展，宣传先行。"为全面落实省、市、县对"农林文旅康"产业融合发展先行区制定的一系列优惠政策，阳城县通过召开各种会议、制作宣传版面、印制宣传资料等形式，在蟒河镇进行广泛宣传，让老百姓也积极参与进来，获得老百姓的支持与参与，真正做到"政府引导、市场主导、全民参与"。

3. 分工明确、责任到人

根据每个产业分工具体情况，结合工作实际进行了责任分工，制订岗位职责，真正做到明确职责，责任到人。建立周一例会制度，汇报上周工作情况，安排下周工作任务，确保农林文旅康产业融合发展各个阶段的工作任务圆满完成。

（五）顶层设计，规划引领，创建一流示范区

1. 问题导向，引入战略合伙人

2018年6月7日，阳城县人民政府与山西晋美思源实业股份有限公司在美韵大

酒店举行了"中国·太行·康谷"农林文旅康融合一体化项目及相关项目签约仪式。标志着阳城"农林文旅康"项目又向前推进了一大步。

2.编制规划，形成利益共同体

对山西晋美思源公司提出合理化的规划建议，配合搞好《蟒河先行区"农林文旅康"总体规划》编制工作。

3.前期准备，做好配套保障

根据各部门人员所属专业，大力帮助和支持蟒河镇做好林地、耕地、宅基地等规划设计，积极协助特色小镇的规划设计。

（六）摸清家底，理顺体制，成立股份经济合作社

摸清邢西村、蟒河村、押水村3个试点村的集体资源、资产和个人可变资源、资产，进行了成员身份鉴定，协助当地制订了股权量化方案，帮助村委会起草了合作社章程。2018年12月7—9日，在3个村分别召开了股份经济合作社第一届成员代表大会，成立了股份经济合作社。2018年12月24日，3个试点村进行揭牌仪式。

（七）依托煤矿，拓展政策，确保资金及时到位

1.龙头引擎、强势发力

阳泰文旅公司作为主体参与开发。依托阳泰文旅公司进行招商引资，并对蟒河先行区"农林文旅康"产业发展的卧龙湾、桑林书院等项目给予资金扶持和建设帮扶。

2.争取资金、撬动全局

积极争取财政资金及时到位。省、市对各县"农林文旅康"建设有专项扶持资金，需要县财政相应配套资金，积极争取县财政配套资金及时到位。

3.部门联动、兜底保障

争取自然资源、林业草原、水利、国土、科技、文化和旅游等部门对蟒河先行区的政策资金支持，确保先行区项目资金先期保障。

▲《再回相府》夜间实景演出

第二节　顶层设计规划引领

2018年10月，阳城县委、县政府印发《关于推进蟒河"农林文旅康"产业融合发展先行区建设的指导意见》，为强力高效推动阳城"农林文旅康"产业融合发展提供顶层设计，确定蟒河先行区的施工路线图。根据中央、省、市关于实施乡村振兴战略的实施意见，市委、市政府办公厅《关于推进"农林文旅康"产业融合发展试点的实施意见（试行）》，阳城县《农村集体产权制度改革工作方案》等文件精神，编制相关规划内容。

一、规划指导思想

阳城县以习近平总书记关于"三农"工作的重要论述和"见新见绿"重要指示为遵循，紧扣实施乡村振兴战略的各项要求，以市场为导向，以康养为主题，以"三变"（农村资源变资产、资金变股金、农民变股东）改革为基础，坚持核心景区吸引、特色产品筑基、康养产业支撑，充分挖掘蟒河镇土地、山林、水面、自然生态、人文景观、民风民俗等各类资源，发展壮大一批观光体验、休闲度假、健康养

▲ 薰衣草庄园

生、生态保护、文化传承、中药材和农产品深加工等新业态、新产业、新模式，推动农村一二三产业融合发展，把蟒河先行区打造成全市乃至全省"农林文旅康"产业融合发展的样板镇。

二、规划基本原则

阳城县一是坚持规划引领，科学严格执行；二是坚持政府引导，企业主体参与；三是坚持土地性质，严守耕地红线；四是坚持共享经济，共赢发展收益；五是坚持先易后难，分步有序推进；六是坚持先行先试，鼓励勇于创新；七是坚持完善机制，勇于承担作为。

三、规划项目布局

蟒河镇农林文旅康产业融合发展，核心是"康养"，要以"康养 +"为主线串联其他产业和领域，促进康养产业与农业、林业、文化、旅游、运动、疗养等产业深度融合发展，形成多元的康养产业链，重点围绕一景、一品、一业"三个一"发展思路谋划布局、铺排项目、推动发展，打造"康养蟒河"品牌。

（一）完善一景、提档升级

1.任务目标明确，用好自身品牌

用好蟒河各类"国家级"称号，通过引进战略合作伙伴、实施PPP项目等方式，充分挖掘自然风光、珍稀动物等生态优势中的康养因子，逐步将景区打造成国家5A级景区。

2.创新业态研发，努力扩大影响

要扩大景区体量，加快游客中心外迁工程，将桑林书院、卧龙湾、西山等地纳入蟒河景区范围，并进行景观节点打造，用蟒河景区已经形成的影响力和知名度带动周边地区同步发展。

3.完善接待设施，构建度假体系

要丰富景区业态，增加瀑布水景、森林秘境等观光游览景点，开发智慧康养城、温泉度假村、医养疗养机构、房车营地、空中观光等康养体验项目，开展各类特色节庆活动，打造高端农家乐、精品民宿集群，让更多的游客能够住下来。

4.标准建设引领，规范化科学管理

要提升景区品质，完善景区水、路、电、信等基础设施建设，实施景区智慧管理和智能监控等工程，实现景区管理法制化、导游标准化、服务规范化，挖掘河流、山谷、历史、人文等方面文化基因，植入到景区建设和环境打造中，将蟒

▲ 阳城县城

河景区建成"消夏、休闲、康养、度假"的核心区块。

（二）拓展一品、健全链条

1.精深加工，打造地标产品

充分发挥蟒河山茱萸品质好、规模大、全国著名主产地的优势，在扩大面积、提高产量、精深加工、延长产业链上下功夫，尽快做大、做强、做精山茱萸产业，使之成为高附加值的地标性产品。

2.创意突破，实现效益共赢

要在种植观赏上突破，在全镇范围内适宜的山地荒坡、田埂地头、房前屋后，大面积种植山茱萸，三年新发展100万株，并结合发展休闲农业和乡村旅游，建设示范点、体验园、观景台等，形成新的景观效益、生态效益和经济效益。

3.文化挖掘，提升附加价值

要在"接二连三"上突破，引进加工、提取、包装等先进技术，进行山茱萸产品深加工，大力开发山茱萸药品、酒、茶、枕头等系列产品，同步挖掘山茱萸养生、文化等价值，建设山茱萸为特色的各类中医药养生场馆，开展"重阳登高"等节庆活动，提升山茱萸品质、文化内涵，将山茱萸产品打造成康养和文旅纪念商品。

4.追根溯源，建立产业链条

要在扩面提质上突破，选择其他适宜的道地中药材进行种植，配套建设中草药谷、中草药研发中心、中草药体验园等新业态，与医药集团、医疗机构、高等院校合作，建立物流、供销等网络，将蟒河建成国家中医药健康旅游示范基地。

（三）打造一业、深度融合

1.康养与农业有个约会

阳城县加快发展融休闲度假、康体健身、赏花摘果、乡村美食、农事体验等新业态，探索建设现代农业产业园、田园综合体、农业特色小镇、田园养生院落等新产业，利用空心村、闲置农房、空闲荒芜土地等，让市民、企业与农民合作，建设写生、摄影、拍摄等基地，发展共享客栈、共享农舍、共享农场、共享农庄，着力构建

"休闲农业支撑康养产业、美丽乡村成为康养基地"的深度融合发展格局。

2. 康养与林业互促互进

阳城县大力改善森林康养等公共服务设施条件，着力发展游憩、观光、疗养、体验、养老等相融合森林康养产品，构建以太行一号国家风景道阳城段和西蟒旅游专线带动、乡村道路辐射的森林康养产业带。

3. 康养与文化和谐共生

阳城县将商汤文化、农耕文化、红色文化等文化资源，植入康养项目和产业中，挖掘国学文化、中医药文化、饮食文化等文化资源，让康养能够养心养神，更有内涵和趣味。

4. 康养与旅游多业融合

阳城县筑牢康养旅游基础，创新康养旅游模式，强化康养旅游营销，依托蟒河得天独厚的资源禀赋，发展各类旅游产品和线路。以旅游促进康养，以康养带动旅游，将蟒河打造成中原市民"旅居后花园"的重要目的地。

5. 康养与运动阳光发力

阳城县依托丰富的山地水体，开发健走、骑游、登山、露营、户外拓展等运动休闲项目，建设探险、攀岩等极限挑战基地，引进山地马拉松、山地自行车等体育赛事。

6. 康养与养生携手同行

阳城县挖掘阳城太极拳文化，利用太极拳始祖王宗岳祖籍阳城的品牌效应，积极邀请太极名家，开展太极拳论坛、讲座、比赛等文化交流活动，打造太极拳养生胜地。聘请全国知名国医大师坐诊，弘扬祖国传统医学，设计高品质治病、理疗、养生方案，举办中韩、中日以及海峡两岸等知名中医养生论坛，打造独树一帜的国医康养基地。

7. 康养与疗养双轮驱动

阳城县开发建设疗养区、养生园、日间照料中心、深呼吸小镇等，探索发展"空气理疗＋远程医疗"为特色的养老度假区。探索引进干细胞研发、转化以及

▲ 皇城景区派出所保驾护航

尘肺检查、治疗的尖端前沿技术，建设全国煤矿职业病检查治疗和干细胞研发治疗机构。开发地下含有丰富矿物质的盐水水层以及地热资源，发展温泉养生、温泉运动、温泉酒店等温泉产业，建设温泉度假区，带动各类人群来蟒河疗养、治病、度假、养生。

第三节　全面建设系统保障

一、组织和制度保障

按照县委阳字〔2018〕15 号文件通知精神，蟒河先行区建设管委会、"三变"改革领导组，指挥部成员单位在指挥部统一领导下各司其职、各尽其责，密切配合、高度协同，严禁推诿扯皮、互相掣肘。

1. 月度小结、研究决策

蟒河先行区建设指挥部实行月小结及协调调度制度。指挥部每月月初定期召开先行区建设协调调度会议，听取管委会和"三变"改革领导组上月工作情况汇报，本月工作安排，研究解决先行区建设的有关重大问题。如遇需指挥部班子集体及时决策拍板的事项，由管委会或"三变"改革领导组第一时间向总指挥提出，由总指挥随时召集研究。

2. 及时汇报、政令畅通

蟒河先行区建设管委会和"三变"改革领导组实行工作旬汇报制度。每旬第一天，先行区建设管委会、"三变"改革领导组要以书面形式向总指挥汇报上旬工作进展情况，本旬工作安排。总指挥根据报告情况作出指示、下达指令。

3. 严格纪律、规范管理

蟒河先行区建设管委会和"三变"改革领导组工作人员实行集中办公，严格执行签到签退、请销假等制度。所抽调工作人员一年内与原单位工作脱钩，由管委会和"三变"领导组进行日常管理和考勤考核。原单位没有特殊情况不得给抽调人员分配工作任务，不得减少抽调人员各种待遇。

4. 监督考核、严肃问责

加强督查考核。县委、县政府对蟒河先行区建设推进情况进行定期不定期跟踪督查。从 2018 年开始纳入蟒河镇和县直指挥部成员单位年度目标责任考核范畴。

对于工作推进不力、服务效率低下甚至不作为、乱作为的，给予通报批评和严肃追责。

5.严格奖惩、树立典型

营造浓厚发展氛围。新闻媒体要加强蟒河先行区建设宣传力度，及时总结推广工作中的好做法、好经验，发挥先进典型的示范带动作用，充分调动广大干部、群众的积极性，凝聚全社会力量。

二、政策和资金保障

根据先行区建设的系列规范，当地鼓励先行先试，凡全国已经有地方实施的政策，都可在蟒河先行区内试行，凡法律没有禁止的，都允许先行先试。

（一）强力推进"三变"改革

将蟒河镇确定为阳城县推进"三变"改革的试点镇，依法依规、先行先试、快速推进。"三变"改革领导组制订了蟒河镇"三变"改革工作方案，经县委、县政府批准后组织实施。镇、村两级成立专门的领导机构和工作机构，要求其年内完成蟒河全镇域"三变"改革，加快蟒河先行区建设奠定体制基础和工作基础。坚持"一村一

▲ 东岳庙

社、一户一入，入社自愿、退社自由，覆盖多数、带动全村"的原则，村村成立股份合作社，乡镇成立联合总社，将农村集体和农户闲散的耕地、林地、水域、房屋、设施设备等资源、资产、资金以及劳动力、技术、管理等各种生产要素充分整合，优化重组，建立健全村级集体经济合作组织，促进全镇农村集体经济的不断壮大和农民收入的持续增长。为保护农民合法权益，提高合作社的治理能力，县政府以总股本1%参股，委派发改、财政、农业、审计部门工作人员作为股东，参与决策。合作社稳定运行3年后，县政府股份退出。

（二）统筹使用各级资金

阳城县设立"农林文旅康"产业融合发展先行区建设引导奖励资金2000万元，与省市财政专项资金统筹使用，重点用于扶持"康养+"产业、引进外来资本、培育市场主体、建设基础设施、运营管理产权交易平台等方面的奖补。同时，根据晋市办发〔2018〕26号文件要求，阳城县财政配套500万元下达蟒河镇，作为启动建设资金。坚持集中财力办大事，统筹整合全县各类涉农资金，投向蟒河农林文旅康融合发展项目。遵循公开透明原则，对下达蟒河镇的各类资金，允许镇政府捆绑集中使用，撬动金融和社会资本更多地投向蟒河。

（三）强化龙头牵引带动

阳城县组建县文旅集团市场主体，通过融资、招商等多种方式，牵引带动蟒河先行区建设，一方面快速提升蟒河景区，一方面投资镇村合作社的发展运营，采取"平台公司+合作社+农户"的模式发展产业。待镇村级合作社发展壮大步入正轨后，平台公司保股让利逐步退出。

（四）发展共享民宿奖补

阳城县对以自营、租赁、入股等方式，符合规划、安全、美丽乡村建设等要求，利用空闲农房或整个空心村发展共享民宿，并连续运营6个月以上的主体，按建筑面积每平方米500元进行奖补，补助最高限额为300万元。

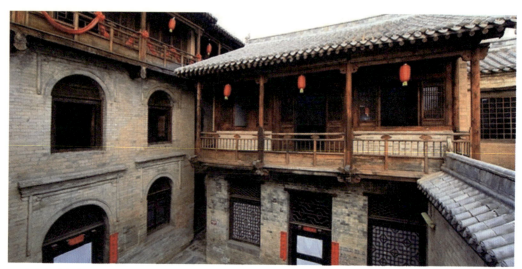

▲ 中庄布政李府

（五）现有农家提档升级

阳城县制定了阳城县农家乐星级划分和评定标准，对原农家乐进行提档升级。达到二星级每户奖 1 万元、三星级每户奖 2 万元、四星级每户奖 3 万元、五星级每户奖 4 万元。新发展的农家乐必须达到三星级以上标准，每户分别按 3 万元、4 万元、5 万元进行奖补。鼓励集中连片发展农家乐。

（六）融合业态项目奖补

阳城县对新从事农场农庄经营、农产品深加工、乡村旅游开发、养生疗养基地建设的社会主体，年营业额达到 500 万元的，给予 50 万元的一次性奖补。达到国家 3A 级的新建景区，给予 100 万元的一次性奖补。

（七）强势扶持茱萸产业

阳城县对栽植户每株补助 10 元，先种后补，按成活株数给予补助。对收购山茱萸的合作社，实行山茱萸桶皮干果每公斤 35 元保护价补差，合作社收购蟒河镇农户鲜果不得低于每公斤 4 元。对于发展山茱萸深加工企业，达到一定规模和效益的，采取"一企一策"的办法给予奖补。

（八）积极争取资金奖励

阳城县鼓励发挥自身优势，策划包装申报实施"农林文旅康"产业融合发展项目，被列为中央、省、市重点项目，并获得财政扶持资金的，按照市级以上财政扶持资金的 10% 进行奖补。

1. 优先落地奖励

阳城县对于由社会资本投资，前 5 名落地的新项目，一年内建成并运营的，投资额达 500 万元的每家按实际投资额的 10% 给予一次性奖励；对于 6 ~ 10 名落地的新项目，一年内建成并运营的，投资额达 500 万元的每家按实际投资额的 6% 给予一次性奖励。奖励在营业之日起三个月内兑现。对于品牌突出、特色鲜明、影响较大的项目，奖励方案另行确定。

2. 缴纳税收奖励

阳城县对社会资本投资开发农、林、文、旅、康产业项目，自投产运营之日起，前 5 年由县财政按缴纳企业所得税、增值税县级留成部分给予等额奖励。

3. 创新金融服务

农商银行、农业银行、农发行、邮储银行等金融机构积极开展土地经营权、林地经营权、农民房屋财产权等产权的抵押、担保、贷款等业务。

三、设施和土地保障

（一）配套基础设施

对投资额度大、带动能力强的项目，阳城县县直相关部门优先规划，搞好水、电、路、信、气、环保等基础设施配套。

（二）盘活闲置宅基地

村集体通过无偿退出、现金补偿、异地安置等方式盘活利用宅基地，特别要探索闲置宅基地收归村集体统一进行管理和使用的办法。地面无建筑物、构筑物，或已闲置的堆场、圈舍、厕所和已倒塌的宅基地无偿退出；一户多宅的宅基地在村委会和宅基地使用权人就附着物补偿达成一致后，有偿退出，支持为了村镇规划变有偿为无偿退出；鼓励原籍为农村集体经济组织的，通过继承、分家析产取得房屋所有权的国家公职人员退出农村宅基地；对适合集中发展共享民宿等项目的宅基地，不能有偿或无偿退出的，通过审批新宅基地、异地安置等办法解决。宅基地退出后的建设用地，由村集体收回后可直接入市交易，或入股农林文旅康产业。

四、招商和人才保障

（一）营造创业创新氛围

激励村两委主干自主创业和招商引资。村支部书记、村委主任领办发展"农林文旅康"产业，带动 100 名以上村民就业；或主动招商引资，引进第三方投资主体，带动 300 名以上村民就业，任期内给予全额事业人员薪酬待遇。

（二）吸引人才回乡创业

激励大学生自主创业。吸引县内外大学生"上山下乡"带头创业。对自愿投身"农林文旅康"产业发展的，根据业绩考核给予全额事业试用工资待遇。对自主创办企业，带动当地 200 名群众就业的，给予全额事业正式编制待遇。

（三）鼓励人才就地转化

激励干部职工创新创业。支持党政机关工作人员、事业单位专业技术人员、国有企业干部职工离岗回乡创新创业。时限三年，三年期间停薪留职，工龄连续计算。回原单位后，职称评定、职务晋升、工资升级、社会保障等不受影响，可以按照有关规定对业绩突出人员在岗位竞聘时予以倾斜。对离岗却没有创新创业的，回单位三年内，不能参与职称评定、职务晋升，工资绩效部分将酌情扣除。

（四）发挥群团带动作用

鼓励众筹兴业。阳城县工、青、妇、工商联等群团组织要充分发挥职能优势和作用，引导和动员组织成员采取众筹模式投资兴办农林文旅康融合发展项目。

（五）注重选拔加强培训

注重人才培训。阳城县人社局、农委、职业技术学校、各类技术培训推广机构有针对性培训"农、林、文、旅、康"产业急需的各类人才，优先向蟒河先行区输送。

附　录

阳城县全域旅游发展调研报告

山西省生产力学会调研组

摘　要：阳城县是山西省第一批全域旅游示范县创建单位。文章在论述了阳城全域旅游发展现状之后，从党政统筹引领、基础设施先行、核心景区支撑、全域建设推进、宣传营销并重、产品产业共兴、引资引智同步、体制机制创新、十个围绕聚力、县域百姓双赢十个方面，系统总结了阳城县全域旅游实践的主要经验；同时分析了阳城县旅游发展存在景区交通网络欠发达、融资渠道单一、体制机制制约等七方面问题；接着提出了阳城县全域旅游向深层次发展的相应对策；最后从七个方面提出了促进我省发展全域旅游的政策建议。

关键词：阳城县　全域旅游　示范区创建　政策建议

山西省委、省政府于 2017 年第一届全省旅游发展大会上提出以锻造"黄河、长城、太行"三大旅游板块新品牌发展战略，2018 年为全面落实国务院《关于支持山西省进一步深化改革促进资源型经济转型发展的意见》中提出的建成国家全域旅游示范区的目标要求，按照景区为王、路网先行、大项目建设、大活动促进、大企业运作的思路，通过"八大行动"全力推动全域旅游取得重点突破。太行品牌在三大旅游板块中发展相对成熟，旅游资源禀赋比较集中，以王莽岭、太行山大峡谷、皇城相府等为代表的旅游景区率先突起，形成了有太行特色的"山、水、堡"旅游集群。而阳城县作为国家首批全域旅游示范县，在太行山旅游板块中更是超前发展，全力打造"悠然阳城·康养胜地"旅游品牌，形成了以析城山为核心区的山地景观历史文化景区、以蟒河为核心区的生态休闲康养景区、以皇城相府为核心区的明清太行古堡人文景区、以横河为代表遍及全县的山里人家乡村游景区等"山、水、城、乡"为一体的全域旅游"四全四游"阳城模式。为全省发展全域旅游和绿色转型提供了有益的探索和实践。本课题调研组由山西省生产力学会和省文化旅游厅（原省旅游发展委员会）共同合作，进行了近一年的调查研究，企图通过剖析阳城县全域旅游发展的经验和存在的问题，为我省打造国家全域旅游示范区提供借鉴和范例。

一、阳城县全域旅游发展现状

阳城县生态环境优美、人文资源丰富，冬无严寒，夏无酷暑，四季分明，旅游资源组合良好，在山西、华北乃至全国都有较强的吸引力，发展旅游业具有得天独厚的优势，而且阳城县地处晋、陕、豫三省交界，客源腹地不断扩大，市场潜力巨大。在山西作为转型综改试验区的大背景下，阳城县按照"全域整合、全景打造、全业融合、全民参与"和"乡村旅游、全域旅游、四季旅游、全民旅游"的"四全四游"总体发展思路，持续推进全域旅游发展战略，将旅游业作为经济转型发展的重要支柱产业，叫响"悠然阳城·康养胜地"品牌，把发展休闲农业和乡村旅游作为产业转型的主攻方向，全力将阳城县打造成全域旅游示范区。

从 20 世纪 90 年代开始，阳城县旅游产业发展实现了三步跨越，1998—2007 年的从黑色经济到绿色经济转型的初试阶段，形成了以皇城相府和蟒河景区为代表的煤炭资源转型发展旅游业；2008—2013 年的"3+1"战略格局景区带动阶段，形成了皇城相府、蟒河、析城山三大景区与古县城联动发展的大旅游格局；2014 年开始立足"四全"、着力"四游"，全力打造以"悠然阳城·康养胜地"品牌为特色，农林文旅康全面融合的全域旅游，探索出一条具有鲜明阳城特色的全域旅游发展之路。截止到 2018 年年底，阳城县拥有 5A 级景区 1 个（皇城相府），4A 级景区 2 个（蟒河、天官王府），3A 级景区 4 个（孙文龙纪念馆、海会寺、郭峪古城、小尖山），省级旅游度假区 1 个（蟒河），建成 A 级旅游厕所 33 个，特色农庄 20 多个，"农家乐"专业合作社 23 个，旅游购物商店 1 个。还拥有 33 家旅行社，包括 2 家五星级酒店，1 家四星级酒店，1 家三星级酒店在内的 13 家旅游定点接待酒店。还修建了近 300 公里的城市绿道、农业公园循环道路、董磨旅游专线，农林文旅康产业融合发展试点先行区顺利起步运行。目前已经形成了"旅游＋农业、旅游＋体育、旅游＋中医药、旅游＋影视、旅游＋文化"的旅游发展新业态。

2018年上半年，全县共接待游客530万人次，旅游总收入47亿元，形成丰富多彩的乡村旅游品牌，"全国重要旅游目的地"建设取得明显成效。先后被评为美丽中国十佳旅游县、中国美丽乡村建设示范县、全国休闲农业和乡村旅游示范县、全国旅游标准化示范县、中国最佳生态旅游名县、中国全域旅游示范县等。

为了促进阳城县旅游业从景点游向乡村游辐射，从区域游向全域游转变，从单一观光游向多元复合游拓展，从旅游产业向三次产业融合延伸，县委、县政府突出把发展全域旅游作为产业转型的主攻方向，致力于"一个统领、两大建设、三个融入、四个结合、五个坚持"的"12345"发展路径。一是成立了由县委书记、县长挂帅的党政统筹领导体系，科学编制了《阳城县全域旅游发展规划》，主攻两个建设是联动推进以旅游为导向的田园城市建设和美丽乡村建设；加速三个融入是：一是加速融入晋豫陕冀旅游圈；二是加速融入旅游产业圈；三是加速融入农民增收圈。推进四个结合是指，一是文旅结合，二是农旅结合，三是体旅结合，四是网旅结合；五个坚持是指在全域旅游发展中要坚持基础建设先行，坚持龙头景区引领，坚持全域全民推进，坚持宣传营销并重，坚持体制机制创新。

阳城县发展全域旅游的路径是依托县城、皇城相府、蟒河、析城山四大旅游景区，按照"美丽乡村、田园城市、城乡一体、产城融合"的构想，制定了"一园一带四区"的美丽乡村连片建设规划，全力建设"村庄秀美、环境优美、生活甜美、社会和美"的宜居、宜业、宜游的美丽乡村，让其能够"望得见山，看得见水，记得住乡愁，富得了百姓"。"一园"就是建设以县城为核心，打造总面积20平方公里的特色田园城市；"一带"就是建设东起磨滩、西至董封串珠成链的美丽乡村休闲带，涉及103个村80平方公里；"四区"就是沁河芦苇河明清古堡区、横河析城山山地景观区、蟒河生态休闲区和县城周边郊野体验区，涉及126个村600平方公里。目前，阳城县已经推出了北留润城片区的"古堡古村落访古游"、东冶片区的"沁河漂流激情游"、蟒河片区的"亲近自然休闲游"、横河片区的"山里人家自助游"四条旅游路线。阳城县全域旅游同时融入休闲产业、体育产业、养老产业等，2018 年 5 月制定了《阳城县农林文旅康产业融合发展试点先行区实施方案》，全力推进农林文旅康产业融合发展示范区建设，带动了全民参与全域旅游建设的积极性。

为顺利发展成全域旅游区，坚持宣传营销并重，开展了一系列的旅游宣传促销活动。这些活动充分利用阳城县现有的旅游文化资源，为宣传阳城县的旅游资源起到了不可忽视的作用。成功举办春秋两季国际徒步大会，商汤文化研讨会、农业嘉年华会、中国太行蟒河猕猴文化节、山西阳城（国际）陶瓷博览交易会、东西方古堡文明论坛等年度旅游盛会。在省市县各地举办了 60 多项文旅促销活动，开展了系列"悠然阳城·康养胜地"品牌宣传，举办和参加了晋冀豫陕等周边省份的旅游推介会，通过吸引影视剧组在各景区取景拍摄，在屏幕上讲述和展示阳城的厚重文化和旖旎风光。

阳城县在发展全域旅游过程中充分利用已有成熟景点的带动性和辐射性，坚持龙头景区引领。以皇城相府为依托，一方面在皇城相府生态庄园举行农业嘉年华活动，将传统农耕文化和现代创意农业融为一体，同时推动皇城相府打造再回相府夜游体验项目建设。另一方面，由于皇城相府和蟒河等景区发展较为成熟，为提升导游从业人员素质，组织举办了"皇城相府杯"导游大赛，为游客留下了良好的印象。阳城县还鼓励各乡镇开展各种以悠然阳城为主题的乡村旅游节活动，各乡各镇也积极响应，各种主题活动开展得如火如荼，2016 年接待游客 169.3 万人次，2017 年接待游客 975 万人次，2018 年上半年就接待游客 530 万人次，旅游总收入达到了 47 亿元。

为加大旅游景点的知名度，阳城县充分利用电视网络的传播性。电视剧《白鹿原》，微电影《皇城假日》《美丽乡村那些事》，栏目《乡村大世界》《百部少年英才片》等均在阳城县拍摄取景，对阳城县的休闲农业与乡村旅游，扩大乡村旅游的知名度和影响力都起到了不可估量的作用。此外，为扩大阳城县旅游影响力，为游客提供的信息真实、可靠和新鲜，阳城县旅游局建网站、建微信公众平台，定时更新旅游消息，给游客推送阳城县旅游新闻、景区景点介绍、重大节庆活动、乡村旅游文化活动等。阳城县与时俱进，网络平台的搭建和完善加大了旅游景点的传播力度和知名度，为吸引更多的潜在游客做出了努力。

为了更加有效地提高全域旅游的联动融合与协同发展效应，阳城县坚持体制机制创新，持续推动旅游体制机制改革。东部古堡文化旅游板块和南部山水生态旅游板块联动发展初步形成；皇城相府文旅公司在不断健全自身管理体系基础上，整合郭峪古城旅游开发有限公司，重组山西皇城相府（集团）郭峪古城旅游公司，打造周边的海会寺、郭峪古城、上庄古村等六个景区一体化经营；蟒河景区改变权属关系，由竹林山煤矿改为阳泰集团直管经营，将蟒河景区和析城山景区由阳泰集团同步发展，为南部山水旅游板块的发展注入了新的动力。目前的景区管理体系简单明了，权责明确。

在完善龙头景区建设营销的同时，阳城县通过打造生态环境和古堡民居两大特色名片，挖掘特色文化铸魂，精心培育特色小镇，做足做好"产业 + 文化 + 景观"文章，坚持全域全民推进，各行各业围绕旅游聚力发展，实现了全域旅游全民共建共享，形成了全社会关心、关注、支持旅游产业发展的浓厚氛围。

二、阳城县全域旅游实践的经验和问题

阳城县发挥自身旅游资源突出、服务体系完备和毗邻城区的区位优势，积极做大、做响太行山旅游品牌，将皇城相府的太行古堡文化、九女仙湖的太行山水风光、蟒河的太行生态文化、横河镇红色旅游文化、中华名山析城山的中华文化融入大太行旅游板块，打造太行旅游的南大门，建设"太行旅游名城"，争做山西旅游发展的第一方阵，打造"生态美，百姓富，县域强"的国家级旅游目的地。探索出一条"党政统筹引领，基础设施先行；核心景区支撑，全域建设推进；宣传营销并重，产品产业共兴；引资引智同步，体制机制创新；十个围绕聚力，县域百姓双赢"发展全域旅游的"阳城实践路径"。

阳城县旅游产业虽然取得了一定的成绩，但是与其他的全国旅游大县、旅游名县相比仍然存在一些问题。

（一）景区交通网络欠发达

阳城县群山环绕，交通基础设施建设的成本较高，尽管南太行大交通环境有所改善，但不同景点景区之间的交通网络不够发达，各景点之间的连接性较差，游客服务中心、旅游专线、旅游标识标牌、停车场建设、游客游览途中的休憩节点以及公交线

路等方面安排得不够合理，旅游交通设施不完善，无形中就流失了一批对旅游质量要求较高的游客。尤其是旅游标识标牌的不合理配置，时常会让游客摸不着头脑，游客可进入性较差，即使顺利进入旅游景点，旅游印象也较差，难有回头客。

（二）县域内景区发展不平衡

除皇城相府景区发展比较完善，对外形象鲜明突出之外，其他景区相对滞后，造成在旅游旺季皇城相府人满为患，而其他景点游客寥寥无几的状况。县城承载旅游的功能不够完善，游客在阳城各景区之间的流动没有形成有效的循环。必须克服县内景区发展不平衡的不足，把旅游当成一项综合产业来发展，"食、住、行、游、购、娱"六要素缺一不可，加强旅游与三次产业融合，在拓展旅游资源的同时也使相关产业焕发新的活力。但就当前阳城县旅游发展的现状来看，旅游产业的发展一枝独秀，与其他产业融合得不够，无法带动相关产业的全面发展。

（三）接待能力、服务意识需进一步提高

住宿、餐饮、娱乐、休闲、健身等消费性服务业数量不足，规模不大、档次不高，且行业服务意识较差，难以满足不同层次的消费需求。阳城县除了非常成熟的皇城相府的导游员之外，其他地方例如砥洎城、天官王府等景点的导游员不够专业，也许是因为正处于发展初期，导游的培训时间较短，而且导游的讲解非常枯燥。阳城县是一个兼具神话色彩和历史积淀的地方，讲解景点时其实有很大的发挥空间，这点上由于导游做的功课不足，游客的观感也很差。

（四）融资渠道单一

这个问题是旅游发展的共性问题，大部分旅游产业在发展初期融资方面考虑得都不够全面，缺乏完整的融资规划，甚至有的文化旅游企业在起步阶段单纯依赖政府的政策倾斜支持，遇到资金问题时，就直接向银行贷款。这样的融资方式单一而且缺乏应对风险的灵活性，获得的资金也很有限，不利于景区建设、旅游项目和旅游产品的开发。像对阳城县皇城相府的投资重点的转变，皇城相府的建设重点就必须也随之变

化。单一融资渠道会对旅游景点的建设有很大的制约性。另外，山西各地的经济都受煤炭的影响较大，近几年煤炭价格下行，阳城县的地区生产总值业相应收缩，对旅游产业的投资额随之下降。因此，阳城县还没有形成多元化的融资体系，融资渠道受到限制。

（五）各景区间营销力度不平衡

虽然阳城县搭载电视网络平台对景区进行宣传和营销，但是效果不甚明显。即使有很多知名电视连续剧、微电影和栏目组来阳城县境内取景，给县域内景点带来了一时的热度，但阳城县没有把握住机会大力宣传，大多数游客接收到的信息仅仅只是有电视剧在当地取过景。在搭载网络平台宣传时，要了解网络平台受众的年龄层次和宣传平台的特点，采取不同的宣传方式，微博可以有些夸张的噱头，适当利用一些营销号推送一些软广告；微信则要相对实在一点。另外，各景区之间各自为战、单打独斗、营销成本与效果的性价比太低。除了皇城相府之外，其他景区的知名度不高，不足以作为一个独立的宣传点，必须把阳城县当成一个整体形象来宣传，形成全县统一营销一盘棋，才能扩大阳城县全域旅游的影响力。

三、阳城县全域旅游向深层次发展的发展对策

旅游产业是由不同的旅游动因而产生的围绕旅游活动所涉及的食、住、行、游、购、娱活动提供一系列服务的产业系统。旅游产业体系涉及与旅游业相关的不同行业和领域，凡与人们的旅游行为和旅游消费相关的产业，都可列入旅游产业体系。阳城县发展全域旅游可按照"历史、文化、生态"三大核心旅游资源打造不同类型旅游产业集群，打造"悠然阳城·康养胜地"旅游品牌。与不同类型相关产业相互融合，由工业旅游、农业旅游、商贸旅游、会展旅游、文化娱乐、旅游地产业等不同类型的旅游综合体组成的产业体系，同时建立包括交通、住宿、餐饮、导游、信息、调度、金融、集散、安全、监督等功能完善的综合服务支撑体系。形成"三位一体"的旅游产业体系，在优化产业结构的进程中提高旅游产业体系的整体素质，以谋求旅游经济整体功能的最大化。

结合阳城县发展全域旅游的经验和需要解决的问题，针对山西发展全域旅游促进绿色崛起，特提出以下对策建议：

（1）倾全省之力锻造"黄河、长城、太行"三大旅游品牌，按照全域旅游发展思路，编制全面、科学、系统的专项规划，加快构建"乐水、尚城、崇山"旅游品牌体系，在三大品牌之下分别打造类似"悠然阳城·康养胜地"这样的二级子品牌，促进文化与旅游的融合发展，以品牌文化力提升山西各大景区景点的整体吸引力。

（2）整合山西全域旅游的各种资源要素，建立空间布局、投入要素、产业链条、服务体系、产品构成、技术保障、产业集群等方面的融合协调机制，形成覆盖全省域的特色旅游经济区，着力建设国家全域旅游示范区，选择若干个有特色、有影响力的旅游景区，打造若干个像阳城县这样具有特色的国家级旅游业改革创新先行区，给予项目立项、融资方式、土地人才等方面的政策支持。

（3）实施重点项目引领，围绕交通步道、住宿设施、景区建设、游线规划、创意设计、旅游商品开发、文化及影视剧创作、文化演艺、游客服务中心、旅游商业综合体建设等关键要素和核心业态，组织规划实施一批提升产品品质和服务功能的重点项目。

（4）促进旅游与相关产业的深度融合，以旅游拉动相关产业发展，以相关产业促进旅游产业的价值提升，在农业旅游、工业旅游、会展旅游、商务旅游、教育旅游、康养旅游、文娱旅游和房产旅游等产业融合中，优先发展农业旅游、康养旅游和教育研学旅游等新型旅游业态。

（5）加快培育引进市场主体，改革管理体制机制。实行集团化运作、集群化发展、园区化经营。通过股权合作、基金投资、整体转让、兼并重组、委托管理等方式，大力引进国内外战略投资者、知名旅游企业、跨界资本、旅游管理服务品牌和高端专业人才。打造文化旅游产业的投融资平台、开发运营平台和信息服务平台，对全省文化旅游资源开展全要素、全产业链的整合重组，全力提升旅游企业的管理水平和经营活力。

（6）强化山西全域旅游的服务保障体系建设，继续加大旅游酒店、公路、停车场、厕所等建设力度，提升旅游基础设施水平。加快建设"山西智慧旅游云平台"，实时向游客提供信息服务。探索建立旅游市场综合监管体制，实现旅游投诉统一受理，旅游案件联合查办。强化旅游诚信体系建设，实现多部门信用惩戒联动。加强文明旅游教育引导，努力营造文明旅游环境，建设全优的旅游服务环境。

（7）以旅游经济为抓手，打造山西对外开放新高地，实现山西内部各市县之间的合作共生开放、山西与周边各省区之间的区域协调开放、山西与国内各区域板块之间的融入协同开放，山西与国际市场的引进来、走出去双向开放。积极融入"一带一路战略""京津冀一体化战略""雄安新区"等国家战略，使山西成为国家内陆地区的对外开放高地。

关于印发《关于在县直单位科级领导干部中开展"结对帮建农家乐"主题实践活动的实施意见》的通知

阳群组发〔2014〕17号

各乡镇党委教育实践活动领导小组，县委各部门、县直各党组、党委、工委、县直各单位支部（总支）、县管企业和条管各单位党组织教育实践活动领导小组，县委各督导组：

现将《关于在县直单位科级领导干部中开展"结对帮建农家乐"主题实践活动的实施意见》印发给你们，请认真贯彻落实。

中共阳城县委党的群众路线

教育实践活动领导小组

2014年4月8日

关于在县直单位科级领导干部中开展
"结对帮建农家乐"主题实践活动的实施意见

根据中央、省委、市委关于党的群众路线教育实践活动的有关要求，县委决定在县直单位副科级以上领导干部中开展"结对帮建农家乐"主题实践活动。现提出如下实施意见。

一、指导思想

认真贯彻落实党的十八大及十八届三中全会精神，以开展第二批党的群众路线教育实践活动为契机，紧紧围绕全县大旅游发展布局，在有条件的乡村规划建设一批"布局合理、设施完善、特色鲜明、带动力强"的新型农家乐，促进农民增收、农村发展。

二、目标要求

这次活动以县直单位副科级以上领导干部为主体，以北留、润城、横河、东冶、鳞河五个乡镇为重点，采取"一对一""点对点"结对帮建方式进行。时间从 2014 年 4 月开始，到 2014 年 12 月底结束。

三、基本原则

1. 优先在景区所在村及周边村规划建设农家乐。农家乐建设要与巩固"美丽中国"十佳旅游县创建成果相结合，与美丽乡村连片建设相结合，与创建"全国古堡民居第一县"相结合。坚持"先起步、后规范、再提升"，科学规划，因地制宜，注重实效，突出特色，集中在东冶镇蔡节村、横河镇中寺村等村庄建设一批农家乐示范户、品牌村。

2. 优先在有积极性的农户中发展农家乐。在充分调查摸底、全面掌握情况的基础上，相关乡镇要精心筛选。要尊重农民意愿，不搞"拉郎配"，不强迫盲目发展。要注重保护生态，杜绝大拆大建，留住乡土风貌，留住农家特色，实现"生态美"与"百姓富"的有机统一。

3.优先在有条件的农户中发展农家乐。发展农家乐的农户必须具备必要的基本条件，即：有房子、有场地、有必要的劳动力。相关乡镇不得将不具备条件、没有经营能力的农户列入这次帮建的范围。

4.优先对二星级农家乐进行提升改造。被市、县旅游部门评定为二星级农家乐的农户，自愿提升改造的（达到三星级标准），列入这次帮建范围；不愿意提升改造的，不列入这次帮建范围。2011年已经享受过资金补助的三星级农家乐，不再列入这次帮建范围。

四、实施办法

1.单位牵头。这次"帮建农家乐"活动，按科级干部所在单位、以口（或单位）划片，领导干部一对一包户帮建。各单位主要领导要统一协调、精心组织、跟进督促、解决问题，真正通过这次活动帮出亮点、搞出成效。同时，要及时总结好经验、好做法，上报县委党的群众路线教育实践活动领导小组办公室，在全县进行推广。

2.结对帮扶。参与帮建的科级领导干部要按照教育实践活动领导小组办公室的安排，深入到所包乡镇、村，主动与所安排的农户对接，了解具体情况，搞好计划设计，抓好基础建设，协助办理有关手续、争取政策支持，促进其尽快建好运营。

3.发挥作用。相关单位及科级领导干部，不仅要充分发挥自身的作用和优势，通过各种渠道、各种方式帮助农户进行业务指导、开拓市场，引导其合法经营；而且要搞好培训学习、宣传促销等工作，以便吸引更多的游客到农家乐观光、体验、休闲、养生、度假。

4.检查验收。活动后期，由县委党的群众路线教育实践活动领导小组办公室牵头组织财政、安监、旅游、文化、文物、消防、卫生、工商、食药监督等部门分两批（8月份和10月份）对全县农家乐进行检查验收。达标的，给予专项资金补助；不达标的，不予补助。

五、保障措施

一是加强组织领导。这次"帮建农家乐"主题实践活动，由县委党的群众路线教育实践活动领导小组领导，领导小组办公室负责具体组织实施，县旅游局负责相关业务指导。各乡镇党委、政府是这次活动的责任主体，要把这项活动作为开展党的群众路线教育实践活动的重要内容来抓，主要领导要亲自挂帅，分管领导要具体负责；要不断强化责任，认真落实好道路交通、食品卫生、防火防盗等方面的安全监管责任，确保县委、县政府为民所办的好事办好、实事办实。同时，县委组织部要把这次帮建活动纳入年度目标责任考核范畴，在年终进行集中考核。

二是强化政策扶持。县财政要设立"帮建农家乐"发展专项资金，列入今年的重点工程，纳入年度的财政预算，对农家乐基础设施建设、宣传营销推介、上档改造升级等予以资金扶持。相关职能部门要同步研究制定并认真落实农家乐发展的建设审核、证件办理、税费减免、创业培训等方面的优惠政策。

三是实行部门联动。县旅游、文物、文化、规划、农业等部门要认真做好全县"农家乐"发展布局规划，对建筑风格、设施设备、周边环境、文化元素、游客体验项目等分类提出建设标准。农口单位、阳秦集团等单位要抓紧打造样板，为全县的农家乐建设提供现实参照。其他部门也要发挥自身职能作用，全力支持农家乐的建设和发展。

四是抓好宣传引导。充分发挥电视、广播、报纸、网络等新闻媒体作用，大力宣传"绿水青山就是金山银山""生态美、百姓富"等理念，大力宣传帮建农家乐的好经验、好做法，大力宣传帮建先进典型和优秀农家乐经营户，努力在全县营造浓厚的宣传舆论氛围。

五是健全长效机制。从今年开始，力争利用三年时间，引导和帮助有发展空间的乡镇，壮大农家乐规模，提升农家乐档次，以适应建设"全国重要旅游目的地"的需要。同时，在全县范围内开展农家乐"争星创优"评选活动，对农家乐规划合理、管理到位的乡镇、村以及农家乐"一高三好"（档次高，经营好，服务好，效益好）的农户给予表彰奖励，推动我县旅游产业持续健康发展。

中共阳城县委办公室 阳城县人民政府办公室 关于印发
《阳城县县直单位科级干部结对帮建农家乐实施方案》的通知

阳办发〔2015〕28号

各乡镇党委、政府，县委各部门，县直各单位，各人民团体：

现将《阳城县县直单位科级干部结对帮建农家乐实施方案》印发给你们，请认真贯彻落实。

中共阳城县委办公室

阳城县人民政府办公室

2015年7月8日

阳城县县直单位科级干部结对帮建农家乐实施方案

为全面贯彻落实县委、县政府 2015 年重点工作安排部署，坚持"围绕旅游做农业、围绕农民抓旅游"，着眼"乡村旅游、全域旅游、四季旅游、全民旅游"，突出农民主体，全方位、大力度推进美丽乡村、休闲农业和乡村旅游相生共促、融合发展，今年，我县将继续在重点乡镇开展科级领导干部结对帮建农家乐活动。为确保此项工作顺利开展，结合工作实际，特制定本实施方案。

一、指导思想

认真贯彻落实党的十八大和十八届三中、四中全会精神，以晋城市首批示范农家乐为引领，按照县委、县政府"乡村旅游、全域旅游、四季旅游、全民旅游"的旅游发展战略，紧紧依托全县重点景区和美丽乡村连片区建设，规划建设"布局合理、设施完善、特色鲜明、带动力强"的新型农家乐，拓宽农民就业渠道，促进农民经济增收。

二、帮建目标

2015 年农家乐建设向全县 18 个乡镇展开，继续实行县直科级领导"一对一"、"点对点"的结对帮建办法。

三、帮建时间及帮建任务

帮建工作从 7 月 1 日开始，到 12 月底结束。帮建任务共为 525 户（具体名单见附表）。

四、帮建原则

（一）优先在景区及董磨旅游公路沿线所在村规划建设农家乐。坚持"农家乐建设与美丽乡村连片建设相结合""休闲农业产业布局相结合"和"标准化、规范化、集聚化"的原则。

（二）优先在有积极性的农户中发展农家乐。根据农民自愿的原则，在相关乡镇认真调查摸底、全面掌握情况的基础上，精心筛选帮建农户。要充分尊重农民意愿，不搞"拉郎配"，不强制盲目发展，不提倡大拆大建，要注重保护生态，留住乡土风貌，留住农家特色，实现"生态美"与"百姓富"的有机统一。

（三）优先在有条件的农户中发展农家乐，优先在拥有菜园、花圈、采摘园等农户中发展农家乐。发展农家乐的农户必须具备必要的基本条件，即：有房子、有场地、有必要的劳动力。相关乡镇不得将不具备条件、没有经营能力的农户列入这次帮建的范围。

五、帮建办法

（一）单位牵头。今年帮建农家乐活动，继续以口（或单位）进行划片。各单位主要领导要统一协调、精心组织，所有参与帮建的科级领导干部要积极深入到所包乡镇、村，主动与帮建农户对接，在了解具体情况的基础上，搞好规划设计，按时按要求完成帮建任务，真正能够帮出亮点、帮出成效。

（二）发挥作用。相关单位及科级领导干部，不仅要充分发挥自身的作用和优势，同时要通过各种方式帮助农户进行业务指导、开拓市场，引导其合法经营，以吸引更多的游客到农家乐观光旅游，休闲度假。

（三）检查验收。各乡镇要对照标准，进行初检验收，达到标准后递交验收申请。县委、县政府将组织纪检、财政、旅游等相关部门，采取分时分片的方式，进行检查验收。对达标的农家乐给予10000元资金补助，对不达标的农家乐不予补助。

六、保障措施

一是加强组织领导。各乡镇要成立农家乐管理机构，全程对农家乐进行协调，确保县直科级领导帮建农家乐活动和谐有序进行。

二是强化业务培训。县农委、人社和旅游等部门要制订培训计划，对今年帮建的农家乐农户适时进行培训。

三是实行分类指导。县旅游、文物、文化、农业、食药等部门要主动上门，对农家乐建筑风格、设施设备、周边环境、文化元素、游客体验项目等分类提出建设标准。

四是抓好宣传引导。县旅游部门组织，充分发挥电视、广播、报纸、网络等新闻媒体作用，大力宣传阳城县农家乐、宣传帮建农家乐的好经验、好做法，努力在全县营造浓厚的宣传舆论氛围。鼓励成立或壮大农家乐合作社队伍，以合作社形式统一对外营销。为全县乡村旅游的发展做出新的更大的贡献。

中共阳城县委 阳城县人民政府
关于加快以旅游为导向的美丽乡村建设的指导意见

阳发〔2015〕1号

各乡镇党委、政府，县委各部门，县直各单位，条管各单位，县管各企业，各人民团体：

为加快推进以旅游为导向的美丽乡村建设，促进"乡村旅游、全域旅游、四季旅游、全民旅游"战略顺利实施，推动乡村旅游发展，做大做强旅游产业，努力实现"旅游兴县"，着力打造"悠然阳城"，根据《国务院关于促进旅游业改革发展的若干意见》以及省、市推动旅游业发展的一系列文件精神，结合我县实际，特提出如下意见。

一、发展乡村旅游是经济社会发展的必然选择

近年来，我县经济社会各项事业协调推进，呈现出持续平稳健康发展的良好态势。但是，随着国内外经济增速持续放缓，煤炭需求下滑，市场持续低迷，经济社会发展受到极大影响。培育新的发展优势迫在眉睫，发展旅游业特别是美丽乡村旅游成为首要选择。

（一）基础条件得天独厚。一是以皇城相府、天官王府为代表的古堡民居资源，具有数量多、规模大、品位高以及时代序列完整等鲜明特点，总量达到1040处，是全国县域均值的11倍、全省县域均值的4.5倍。二是以蟒河、析城山为代表的自然生态资源，其地形地貌、气候条件、自然景观和动植物存量独具特色，包括鳌背山、云蒙山、小尖山等在内，我县西南部拥有1200平方公里的天然植被，自然风光雄奇壮美。三是以远古文化、商汤文化为核心的历史文化资源，很多具有时代性、代表性、多元性、独一性的特征，有旧石器时期文明遗迹，有舜、禹、汤、周穆王等上古

帝王传说印记，有康熙帝师陈廷敬、一代名相王国光、明代四大清官之首杨继宗以及田从典、白胤谦、萧照、张慎言等廉吏能臣代表，有上河会议、枪杆会议、町店战斗等革命遗迹，形成了远古文化、商汤文化、廉政文化、红色文化等多种文化类型及特色。经过多年的发展，我县已拥有国家 5A 级景区一个（皇城相府），国家 4A 级景区两个（蟒河、天官王府），国家 3A 级景区两个（海会寺、孙文龙纪念馆）。这些自然人文资源，通过近年来的充分挖掘、开发和利用，每年吸引约 500 万人次游客来我县观光旅游、度假休闲。

（二）就业增收作用明显。发展乡村旅游，是通过旅游来促进农业发展，是调整农村产业结构和促进农民就业、增收的一项重要举措。通过发展美丽乡村旅游，可以将农村发展与休闲娱乐结合起来，打破三产界限，带动手工业、建筑业、农产品加工、餐饮住宿、物流商贸、交通运输等产业发展，促进农村产业结构调整和优化。同时，美丽乡村旅游能促使农民变为旅游从业者，通过办旅店、开餐馆、当导游、加工和出售旅游纪念品等多种方式，扩宽就业增收的渠道和空间。以农业和旅游的高度融合，增加群众收入、提高群众幸福指数。

（三）生态保护相辅相成。建设农村生态文明，是美丽乡村建设的重要内容与手段；建设美丽乡村，为农村生态文明建设提供重要保障。乡村通过开发和保护旅游资源，能使农民进一步树立尊重自然、顺应自然、保护自然的生态文明理念，不断加深对自然生态和乡土文明的认知和感情，强化"绿水青山就是金山银山"的意识。尤其是来乡村旅游的游客把城市的新信息、新理念带到农村，带动农民更加自觉地保护生态资源、珍惜文化资源、净化农村环境，进而提高乡村的可持续发展能力。

（四）旅游业态更加丰富。目前，我县旅游产品体系呈现明显的结构性缺陷，而乡村旅游除了具有旅游产业一般意义上的经济功能外，利用独特的自然环境、田园景观、生产经营业态、民俗文化风情、农耕文化、农舍村落等资源，为游客提供集观光、休闲、体验等以"悠然出行"为特征的综合性产品，必将成为我县传统旅游业态的重要补充。我县农村地区，承载了大量品质较高的旅游资源，发展美丽乡村旅游空间广阔、潜力巨大。要在着力把传统的观光产品骨架立起的基础上，通过挖掘发展古文化和风俗习惯，注入旅游产品的灵魂，培育差异化特征明显的旅游新型业态，打造各具特色的旅游文化品牌，有效满足人们日益增长的旅游休闲欲望和消费需求。

（五）城乡一体加速推进。发展乡村旅游，能够加快城乡经济、社会文化的融合，缩小城乡居民收入差距，打破城乡"二元结构"，是推进城乡一体化统筹发展的有效途径。以农业为依托，以农村为空间，以农民为主体，以城市居民为客源，直接对接城市需求和现代消费，实现"大农业"和"大旅游"的有机结合，能够满足城乡居民消费结构升级的需求，能够加快美丽乡村、田园城市、产城融合和三次产业的联动发展。同时，也有利于促进就地城镇化和人的城镇化发展，进一步加快城乡一体化进程。

二、树立"旅游立县"新观念

（六）提高发展认识。旅游产业资源消耗少、环境污染小，被公认为绿色产业、无烟产业和朝阳产业，是一个关联度高、带动性强的综合性产业，无处不在、无时不需、无业不关，成为近年来迅速发展的新兴现代产业。牢固树立以人为本的科学发展观，大力倡导科学旅游观，充分认识发展旅游产业在加快经济发展、优化经济结构等方面的积极作用和重大意义，进一步增强加快旅游产业转型升级、提质增效推进旅游经济健康发展的紧迫感和责任感，树立和强化"旅游立县""旅游兴县""旅游强县"的发展认识和发展理念，切实把发展旅游业作为国民经济发展的战略性支柱产业和人民群众就地就近就业增收的标志性产业来培育、来发展、来加强。

（七）创新发展理念。着眼于建设"全国重要的旅游休闲度假目的地"，牢固树立"产业融合、品牌引领、整体推进、全域发展"的思路，围绕旅游做农业，围绕农民抓旅游，进一步突出农民的主体作用，突出为民、便民、惠民的基本导向，突出生态优先、保护优先、民生优先的建设理念，坚持融合发展，推动旅游业发展与新型工业化、信息化、城镇化和农业现代化相结合，实现经济效益、社会效益和生态效益相统一。坚持深化改革、依法兴旅，正确处理政府与市场的关系，推动形成政府依法监管、企业守法经营、游客文明旅游的良好发展格局。坚持以人为本、注重品位，积极营造良好的旅游环境，让游客在悠然阳城、美丽乡村旅游过程中发现美、享受美、传播美，游得放心、游得舒心、游得开心。

（八）转变发展方式。坚持以转型升级、提质增效为主线，多层次、多领域推动发展方式转变。一是推动旅游产品多元化。实现旅游产品由观光向休闲、度假、养生、养老等转变，满足多样化、多层次的旅游消费需求。二是推动农村产业多元化。

乡村旅游可持续发展的核心就是本地化，主力就是当地居民，要立足吃住行游购娱六大要素中本地原材料和人力资源基础优势，以乡村旅游为龙头，优化产业配置，形成以旅游业为中心的完整产业链，建立"旅农工贸"联动一体化发展模式，引导居民向第二、第三产业转移，实现当地居民，最大限度参与，实现乡村旅游当地利益最大化，实现以旅养农，以农促旅。三是推动旅游服务向优质化服务转变，实现标准化和个性化服务的有机统一。四是推动旅游开发向集约型转变，更加注重资源能源节约和生态环境保护，更加注重文化传承和文化创新，努力实现可持续发展。

三、美丽乡村建设的突破口和主抓手

（九）农村环境卫生整治。按照"村容整洁环境美"的要求，加强环境综合整治。一是建立环卫队伍，以村为单位成立专门的环卫队，实行划片责任制管理，确保主要路段能够达到全天候保洁，生活垃圾做到日清日结，始终保持清洁、卫生、舒适的良好环境。同时，要积极探索农村环境清洁公司化运作机制，把环境清洁推向市场。二是建立健全环境保护长效机制，在经济条件相对较好的村进行污水处理试点，实现污水循环利用；在经济条件相对较弱的村，要积极争取上级资金扶持，完善村庄排水体系，逐步解决污水乱排乱放的难题；要购置增设必要的卫生设施，如垃圾桶、垃圾池、环卫车等，确保垃圾不落地；整治露天粪坑、畜禽散养、杂物乱堆，鼓励农户改建无害化水冲式厕所，拆除严重影响村容村貌的违章建筑物、构筑物及其他设施，努力打造"天蓝、山绿、水清、景美"的村庄环境。三是利用各种宣传途径在农村进行宣传，引导农民养成自觉的健康卫生习惯。四是鼓励农民在房前屋后、村内空地栽花植树，实现经济效益和美化环境双丰收。

（十）乡村景点节点打造。按照《阳城县美丽乡村连片区建设总体规划》的要求搞好美丽乡村建设。一是充分利用各类优势资源打造一批形式多样、特色鲜明、"阳城味"浓厚的乡村旅游景点、节点，逐步建设一批特色景观旅游名镇名村。二是要特别重视对古村落、古民居及文物古迹的保护，在乡村旅游建设中杜绝大拆大建，在保留原有文物古建风貌的前提下，在文物部门的指导监管下可适当进行维修和改造，并要修旧如旧，保持原有的"山乡风貌、农家特色"。三是探索乡村旅游与民俗文化融合发展的路径，培育一批农耕文明悠久、乡土文化浓郁、民俗风情多彩、自然环境优美的美丽乡村，促使农村变"景区"、田园变"公园"、农产品变商品。四是研究和出台鼓励开发旅游商品的优惠政策，重点开发本地土特产系列、蚕桑制品系列、山茱萸保健品系列、大麻纺织系列、陶瓷工艺系列等旅游商品，培育一批涵盖多类型、多档次，具有实用性、收藏性、特色性的旅游商品。五是抓好农家乐建设。重点在景区周边、交通要道沿线等发展以"吃农家饭、住农家屋、游农村景、享农家乐"为主的农家乐，推出"游山水、住农家、采山珍、品特色"等乡村旅游项目。六是打造工业旅游景点。重视旧煤矿和废弃工厂等厂房场地资源的开发和利用，依托花园式厂区、生产设施、企业文化等积极发展特色工业旅游，拓展煤炭博物馆、陶瓷体验馆、陶瓷博物馆等工业旅游项目，丰富我县旅游产品体系。

（十一）休闲农业融合发展。一是县农委要结合我县实际搞好全县休闲农业与乡村旅游发展规划，要突出特色，搞好区域性统筹，特别是要做好"四区一带"范围内的具体规划，体现差异性，避免同质化。二是各乡镇、各村要针对本地情况选择发展重点，按照"农旅结合、以农促旅、以旅强农"要求，推进"一乡一业、一村一品"建设，大力发展集农业生产、农村观光、休闲度假、参与体验于一体的休闲农业。三是广泛吸纳社会资本，着力培育家庭农场、农民专业合作社、农业私营企业等新型经营主体，用足用活土地出让租赁等流转政策，积极扶持民营经济实体参与建设集特种养殖、特色种植、农产品加工、采摘园等于一体的现代生态农业产业园区，发展生态农业、农场园区、景观园林产业、生态养老产业等，让农民转变为农业产业化基地的管理者和操作者，促进休闲农业和旅游产业互促互进。

（十二）基础设施配套建设。一是抓好乡村旅游道路建设，按照"提高便捷性、增强通畅性、运行平缓性"的要求，切实解决我县旅游业存在的瓶颈问题。县交通运输局要加快县乡主干线、通往各主要景区（点）的旅游道路建设，各乡镇要加速乡镇所在地到各乡村旅游景区（点）的道路建设，使之尽快形成合理的旅游游览线路。同时，要完善旅游标识标牌体系，配备必要的旅游客运车辆，适时将公交服务网络延伸到各主要景区和乡村旅游节点。二是抓好服务体系建设，各乡镇要在各主要景区和乡村旅游片区规划建设游客服务中心、休闲驿站以及停车场、卫生间等服务设施；县旅游主管部门要在全县范围内选址建设一批旅游咨询服务点，形成覆盖全县且能提供吃住行游购娱全方位咨询服务功能的旅游咨询服务网络。三是加快推进自驾车（房车）

营地建设，有条件的美丽乡村及旅游景区要高起点编制自驾车营地建设方案，努力打造"全国乡村自驾游第一县"。四是培树典型、逐步推开，以"四区一带"为重点，积极培育乡村旅游、休闲农业示范点。优先抓好北留——润城美丽乡村连片区提升为旅游景区的工作，为全县作出示范。

（十三）历史文化深度挖掘。坚持把文化挖掘作为生态特色的有益补充，通过挖掘沿途各节点的文化内涵，力求把"美丽乡村游"线路打造成为古今交替、生态低碳、能体验我县"悠然生活"的绿色廊道。一是要深度挖掘商汤文化及远古文化，继续和中国先秦史学会、中国大众文化学会等机构合作，广泛深入地开展商汤文化和远古文化研究，赋予析城山景区丰富的历史文化内涵，提升景区的品位和吸引力。二是要大力研究民俗文化，对我县的古堡、古寨、古村、古庙、古民居和古习俗等地域民俗文化进行全面、深入的挖掘研究，打造出既有传统精神和民族特色，又有时代特征的民俗文化旅游产品。编排主题突出、特色鲜明的旅游文化精品剧目，努力把有历史记忆、地域特色、民俗特点、民间故事的村庄，建设成为特色旅游景观村。支持传统工艺、特色演艺、传统民俗、非遗项目等艺术传人到美丽乡村进行展示、展演。三是要加快廉政文化挖掘，全面、系统、深入地研究杨继宗、陈廷敬等具有历史文化特色的名人，充分运用他们廉政为民故事的感召力，多途径、多渠道、多层次、全方位宣传我县丰富的历史文化资源。

四、发挥大景区示范带动作用

（十四）整合资源，理顺体制。建设以旅游为导向的美丽乡村，必须首先抓好大景区的开发建设，充分发挥大景区的引领和带动作用。整合资源，就是要加快对我县旅游业发展总体规划的修编，制定符合我县实际且具有较高水平的旅游发展总体规划，对全县旅游开发重新布局。要按照建设大景区的要求，将全县有效的旅游资源整合为：以皇城相府、郭峪古城、砥洎城、天官王府、海会寺等为主的沁河古堡旅游区，积极申报世界文化遗产；以蟒河、西山、析城山、鳌背山、云蒙山、小尖山等为主的自然生态旅游区；以古城复兴、六福客栈、潘家庄园、六大森林公园和城市绿道等为主的城郊休闲度假旅游区。沁河古堡旅游区重点是要抓好皇城相府景区建设。不断完善旅游服务配套设施，加快旅游信息平台建设，尽快建成"国家级风景名胜区"和"全国智慧旅游标杆景区"。为郭峪古城、砥洎城、天官王府、海会寺等沁河古堡旅游区开发建设积累经验，树立品牌，推动我县沁河古堡群申请世界文化遗产早日实现。加快推进晋阳高速北留互通口的改造工程，切实提升景区的通达性和便捷性。自然生态旅游区重点是要抓好蟒河景区和析城山景区建设。蟒河景区要加快国家5A级景区建设步伐，继续推进二期工程建设，大力开发科普游、亲水游、健康游，不断拉长游览线，延长游客的游览时间。析城山景区要加快"一镇四山"的开发力度和建设进度，尽快完成横河到南门的公路建设和横河到邵源的公路拓宽改造工程，尽快建成国家4A级景区，带动南部山区自然生态旅游区尽快投入运营。城郊休闲度假旅游区重点是要加快旧县城改造步伐，力促潘家庄园、六福客栈等景区开发建设，进一步丰富我县旅游业态。理顺体制，首先是在现有阳城县旅游管理中心的基础上，组建阳城旅游发展委员会，推动由单一的业务管理部门向多职能综合联动转变，整合多部门力量，加大对阳城旅游的开发力度，加快阳城旅游建设速度。其次是逐步探索将各旅游景区的所有权与经营管理权分离，共同组建阳城旅游营销联盟，让各景区按照一定比例共同分担营销费用，统一宣传，抱团营销。待条件成熟时，成立旅游发展集团公司，引入现代企业管理制度，实行专业团队管理。由集团公司对各景区进行统一的营销管理，实现旅游资源整合、管理整合和人才整合，最终实现由目前单一的景区旅游向全域旅游的转变。

（十五）搞好宣传促销。有效整合各方力量，共同推进旅游宣传促销工作。一是要强化媒体宣传。主攻国内有影响的大报、大台、大刊、大网等强势媒体，邀请主流媒体记者到我县采风，实现各类媒体以多种题材、多种形式宣传阳城美丽乡村、田园城市和旅游休闲度假目的地的目的。并要充分利用微博、微信等新兴大众媒体传播速度快、覆盖面广的特点，适时发布与旅游相关的信息，形成旅游热点和轰动效应。二是要加强广告宣传。鼓励旅游企业在经济发达、交通便利的大中城市机场、火车站、地铁站、商业步行街设立广告牌，在提升阳城旅游的知名度和美誉度的同时，大力宣传美丽乡村和田园城市。三是要重视口碑宣传。促进旅游行业在服务、管理等方面更加规范，让来过阳城的游客自发成为阳城旅游的义务宣传员。四是要举办赛事、节庆等促销活动。通过举办踏青节、赏花节、采摘节、摄影节、有奖游阳城等活动，以及举办高水平、高规格的大型体育赛事和自行车游、徒步游等多种形式的旅游活动，努力让阳城旅游形象更加生动、更加鲜活。五是要办好阳城旅游网。加强网站的有效管理和宣传推广，打造集宣传推介、资讯发布、产品展示、服务预订等于一体的综合服务平台，让国际国内游客更多地关注阳城、青睐阳城。六是要下大力塑造品牌。鉴于我县拥有可与欧洲古堡相媲美的东方（中国）古堡群垄断性资源和以析城山、蟒河为代表的自然生态资源，按照突出唯一性、彰显特色性、体现差异性的原则，推出并叫响"游东方古堡群、享阳城悠然乐"旅游品牌，推动阳城旅游在全国脱颖而出、独树一帜，让阳城旅游在全国乃至国际旅游市场引起更多的关注、吸引更多的游客。

（十六）加快"田园城市"建设。按照"美丽乡村、田园城市、城乡一体、产城融合"的构想，全力打造山、水、田、林交相辉映，景、园、人、城怡然相处的城郊休闲度假旅游目的地。一是统筹规划，坚持保护与开发并重的原则，加强对县城周边特别是主城区与五大功能片区的规划设计，建设若干处具有田园风光的走廊带及景观区，打造既有经济效益又有景观效果的示范点。二是因地制宜，注重突出农村乡土气息、自然风光、田园乐趣，鼓励和引导群众发展适宜当地、可供四季观光或采摘的园区。三是示范引领，先行在绿道外缘发展精品果园、精致菜园、精美花圃，并尽快建成、见效，让县城居民及游客充分感受到山水田园城市的魅力。

五、优化美丽乡村发展环境

（十七）增强乡村发展动力。一是健全完善美丽乡村旅游发展的各项政策，推动基础设施建设、公共服务体系建设、信息化建设等向社会资本、民间资本全面开放，深化对外合资合作，形成"政府引导、社会参与、多元投入、市场运作"的美丽乡村旅游发展新局面。二是要打破条块分割、各自为政的管理模式，支持跨乡镇、跨部门合力开发利用乡村旅游资源。三是引导各级干部强化责任意识，切实转变作风，增强服务意识，优化办事程序，为美丽乡村发展营造公平公正的发展环境。

（十八）加强市场诚信建设。推行以旅游为导向的美丽乡村诚信服务承诺，开展系列乡村旅游优质服务活动。旅游、安监、工商、质监、公安、食药、交通等部门要敢于担当、主动作为，加强联合执法，加大查处打击力度，整顿和规范旅游市场秩序，引导旅游企业规范经营，积极营造诚实守信的消费环境。进一步做好文明创建和文明旅游宣传引导工作，加大景区文明执法，引导游客文明消费。充分发挥旅游者、社会公众及新闻媒体的监督和引导作用，建立违法企业和从业人员"黑名单"制度，加大曝光力度，遏制市场乱象，促进旅游服务质量提升，努力营造遵纪守法、诚实守信、公平竞争、优质服务的诚信旅游环境。

（十九）加快创建旅游标准化示范县。抓住我县被确定为全国第三批旅游标准化试点县的契机，推动我县旅游业建设上档升级。一是成立旅游标准化建设工作领导组，专题研究事关全县旅游业标准化建设的重大问题，统筹协调解决具体事务。二是聘请旅游规划专业机构科学编制《阳城县旅游标准化发展规划》，精心制定《阳城县创建全国旅游标准化示范县实施方案》。三是按照典型示范、以点带面、整体推进的原则；在各景区、旅行社、餐饮、住宿、购物、娱乐、客运等方面选择确定试点单位，培育一批示范典型。四是按照国标、行标、企标要求，完善旅游标识标准体系，升级旅游服务设施，重点推进旅游集散中心、旅游信息咨询中心、旅游标识标牌等公共服务设施的标准化建设，提高旅游吸引力和竞争力，促进旅游行业整体水平的全面提升。五是把旅游标准化创建作为推动我县旅游产业转型升级的战略举措，列入年度考核目标，安排专项资金，明确责任，全力推进。六是邀请专家进行标准化培训指导，利用阳城新闻、户外广告牌等媒介开展关于旅游标准化创建宣传，在全社会营造浓厚的创建氛围。

（二十）促进旅行社业健康发展。一是尽快制定出台对旅行社组织、开发客源市场的奖励、补贴的优惠政策。二是积极推动旅行社走集团化、专业化、品牌化、网络化发展道路，鼓励有实力的旅行社组建集团公司，在重点客源市场设立分支机构，大力推介我县美丽乡村旅游产品。三是推动我县旅行社与国内外知名旅行社战略合作，实行品牌加盟连锁经营。同时，深化与携程网、同程网、去哪儿网等重要电子运营商合作。四是指导监督旅行社认真落实"安全第一、预防为主"的方针，强化安全意识和安全责任制的落实。

（二十一）抓好安全保障工作。成立阳城县旅游安全委员会，在县安委会领导下实行例会制度，定期研究解决旅游安全问题，督促检查美丽乡村旅游安全工作，加强对景区设施设备的安全检测，确保各类游乐设施、设备符合安全技术规范要求。合理安排各类游览活动，在恶劣天气下必须暂停有可能发生危害的一切游览活动，并主动提醒游客注意旅游安全。高度重视食品安全，尤其是要加强对美丽乡村"农家乐"的监督检查，杜绝游客食物中毒事件发生。建立健全旅游景区、美丽乡村旅游沿线突发事件、高峰期大客流应对处置机制和旅游安全预警信息发布制度，并将其纳入全县统一的应急救援体系，确保对突发性旅游安全事故的快速反应和及时救援，切实保障旅游安全。

六、建立健全美丽乡村发展政策

（二十二）突出政府主导、农民主体的多元化发展模式。必须把政府主导和农民主体有机结合起来，既充分发挥政府的引导作用，又最大限度依靠群众的智慧和力量建设美好家园。政府作为美丽乡村建设的责任主体，要按照人与自然和谐发展的要求，根据区域特征，制定美丽乡村建设总体规划，突出"一村一品""一村一景""一村一韵"建设主题，因地制宜探索适宜发展的建设模式，避免千篇一律。同时，在深入推进美丽乡村建设中，必须突出农民主体地位，相信群众、依靠群众、尊重群众，充分发挥农民群众建设美丽乡村的主体作用，进一步挖掘乡村人力、财力和智力资源，引导群众以勤劳的双手共建美好家园。

（二十三）加大财政金融支持。县财政要按照上级相关精神要求，结合旅游发展实际设立旅游业发展专项资金列入财政年度预算，确保以旅游为导向的美丽乡村建设、旅游标准化示范县创建、旅游规划的论证与编制、旅游公共服务体系建设、旅游品牌形象宣传等工作顺利推进。同时，要通过"以奖代补"的方式对做出突出贡献的单位和个人进行表彰奖励。发改、交通、农业、林业、水利、住建、环保等部门，要将各部门专项资金向美丽乡村旅游发展倾斜。金融机构要按照"灵活、方便、安全"的原则，增加贷款额度，扩大融资规模，加大对乡村旅游经营户和旅游经营企业的信贷支持力度，引导和鼓励中介组织为美丽乡村旅游发展提供资金融通、信用担保等服务，有效解决资金难题。积极推进金融机构和旅游企业开展多种方式的业务合作，探索开发适合旅游消费需要的金融产品，不断提升服务功能。

（二十四）出台招商引资优惠政策。积极鼓励县内外企业和个人在美丽乡村及各大景区投资开发旅游项目，重点是景区、度假村、疗养院、星级农家乐、旅行社、基础设施、旅游地产、旅游商品生产经营、旅游信息服务系统开发等。投资项目被县政府列为旅游重点工程项目的，优先配套旅游基础设施项目。对固定资产投资在2000万元以上的规模旅游企业、被评为国家3A级以上景区、获省级以上著名商标的旅游企业、国家百强旅行社等进行奖励。

（二十五）优化土地利用政策。要按照土地利用总体规划和城乡发展规划要求安排旅游产业用地的规模和布局，在编制和调整土地利用总体规划时，要充分考虑相关旅游项目、设施的空间布局和建设用地需求，在规划中具体列出用地要求。在年度土地供应时要适当增加美丽乡村旅游发展用地。在符合规划和用途管制的前提下，鼓励农村集体经济组织依法以集体经营性建设用地使用权入股、联营等形式与其他单位、个人共同开办旅游企业。进一步细化利用荒地、荒坡、荒滩等土地开发美丽乡村旅游项目的支持措施。

（二十六）加强人才队伍建设。创新旅游人才培养方式，坚持集中培训、选调学习、送教上门与组织技能竞赛相结合的培训思路，加强对全县旅游从业人员，尤其是美丽乡村旅游人员的培训，提高旅游从业人员的素质。要以提升从业农民的服务水平与技术技能为核心，开展乡村旅游经营户、乡村旅游带头人、能工巧匠传承人、乡土旅游专家四类人才和乡村旅游导游员、乡土文化讲解员等各类实用人才培训，通过多层次、多渠道的教育培训，重点提高他们在经营服务、食品卫生、旅游文化、旅游安全、接待礼仪、餐饮和客房服务等方面的服务技能，依靠人才支持和智力投入促进美丽乡村旅游发展。

（二十七）强化统筹协调工作。一是县旅游文化工作领导组要负责对全县旅游工作的协调指导，协调解决旅游业发展中的重大问题，指导项目规划、开发、建设，督促检查旅游文化工作和有关政策法规的贯彻落实情况。二是各乡镇、各有关单位要各负其责，通力合作，形成推动我县美丽乡村建设和加快旅游业发展的整体合力。三是将美丽乡村建设纳入全县重点工作考核体系，建立督查考核奖励机制，县委、县政府将对各乡镇和县直有关单位支持美丽乡村旅游发展情况进行考核评价。四是全面推行各部门各单位各企业和民营经济主体等按规定落实干部职工带薪休假制度，促进"悠然阳城"乡村旅游繁荣发展。

中共阳城县委

阳城县人民政府

2015 年 2 月 28 日

中共阳城县委 阳城县人民政府
关于推进休闲农业与乡村旅游产业融合发展的实施意见

阳发〔2016〕1号

各乡镇党委、政府，县委各部门，县直各单位，条管各单位，各人民团体，县管各企业：

大力推进休闲农业与乡村旅游产业融合发展，是开发农业多种功能，厚植农业农村发展优势，转变农业发展方式，构建现代农业产业体系的重要举措；是适应阳城农村经济社会发展新常态，顺应城乡居民消费新特点，实施"乡村旅游、全域旅游、四季旅游、全民旅游"战略部署，解决城镇化路上"三农"问题，实现农民创业就业增收的必然要求。根据中共中央、国务院《关于落实发展新理念加快农业现代化实现全面小康目标的若干意见》（中发〔2016〕1号）和国务院办公厅《关于推进农村一二三产业融合发展的指导意见》（国办发〔2015〕93号）精神，结合我县实际，特提出如下意见。

一、总体要求

（一）指导思想。以党的十八大和十八届三中、四中、五中全会精神为指针，牢固树立创新、协调、绿色、开放、共享的发展理念，主动适应经济发展新常态，全面贯彻落实中央、省、市农村工作会议精神，紧紧瞄准打造"悠然阳城"的战略目标，始终坚持"围绕旅游做农业、围绕农民抓旅游"的转型思路，以休闲农业为主攻方向，加快农业结构调整，以休闲产品为主要业态，延伸农业产业链条，以节庆活动为关键抓手，着力构建休闲农业与乡村旅游深度融合的现代产业体系，形成各具特色的休闲农业与乡村旅游发展新格局，促进农业增效、农民增收和农村繁荣，为"十三五"全面建成小康社会提供重要支撑。

（二）基本原则。坚持因地制宜，分类指导，突出特色，探索不同融合模式；坚持尊重农民意愿，以农为本，强化利益联结，保障农民获得合理的产业链增值收益；坚持市场导向，发挥政府引导作用，培育市场主体，营造良好市场环境；坚持改革创新，激发融合发展活力，引导农村产业集聚发展。

（三）主要目标。2016 年，"一带一廊一园四区"区域内的每个乡镇，打造 2 ~ 3 个农旅融合示范点，其余乡镇按"一乡一特"要求，每个乡镇打造 1 ~ 2 个农旅融合示范点；完成"国家阳城农业公园"规划，并启动挂牌建设；建设 5 个特色旅游名镇、20 个乡村旅游点、100 个农旅高度融合的美丽乡村，新扶持发展 500 户农家乐，完善提高 100 个品牌农家乐。到 2020 年，80% 的村达到"美丽乡村"目标，休闲农业与乡村旅游产业融合发展总体水平明显提升，业态丰富的农业产业结构基本形成，品牌突出的农业产业链条系统完整，形式多样的旅游节庆活动品牌叫响叫亮，"乡村旅游、全域旅游、四季旅游、全民旅游"的格局基本形成，"农业优、农村美、农民富"的目标基本实现。

二、量身打造具有阳城特色的产业融合发展模式

（四）因地制宜调整结构，大力发展休闲农业。一是立足"一乡一特"，加快农业结构调整。强化"农旅结合、以农促旅、以旅强农"理念，以农牧结合、农林结合、循环发展为导向，调整优化农业种植、养殖结构，发展蚕桑、干（水）果、食用菌、小杂粮、中药材等无公害、绿色、有机农业，建成一批集观光、休闲和 DIY 体验于一体的农业休闲体验园。二是立足生态效益、景观效益、经济效益三位一体，在"一带一廊一园四区"以油用牡丹、贡菊、油葵等为主，建设一批规模连片且有强烈视觉冲击效应的集群化大地景观；发展种养结合的循环农业，打造一批种、养、加、游于一体的生态循环农业示范园；发展小麦和油菜花打造的农田艺术景观、阳台农艺等创意农业。三是立足示范带动，2016 年每个乡镇通过实施一个重点项目，引领结构调整，促进农旅融合发展。凤城镇实施白沟村 300 亩生态农业观光园项目，探索整村依托休闲农业兴村富民之路；北留镇实施郭峪村 800 亩生态景观提质增效项目，为发展观光农业和举办节庆活动探索新路；润城镇实施上庄村旅游环线建设及生态绿化项目，为休闲农业与古堡民居融合发展做好示范；西河乡实施"田园城市"经济带示范区水利

设施项目，为整个片区提供持续发展条件；町店镇实施农产品加工园区项目，带动全县农产品加工转化增值；演礼乡实施中药材休闲观光园区项目，积极探索育苗＋中药材间作高效发展之路；蟒河镇实施中医药养生文化产业项目，丰富农旅融合发展内容；驾岭乡实施富硒小米产供销一体化建设项目，加快提升阳城小米知名度；白桑乡实施坪阳路旅游环线绿化项目，促进全乡休闲农业连片发展；次营镇实施蚕菌一体化项目，寺头乡实施桑葚采摘节项目，促进我县传统蚕桑产业焕发新的发展活力；董封乡实施金月花溪生态农庄项目，探索山区"空心村"依托自然景观发展之路；河北镇实施油用牡丹示范基地建设项目，探索景观效益与经济效益融合发展之路；横河镇实施农旅产品展销中心建设项目，搭建全县特色农副产品营销平台；芹池镇实施芹张路特色农业产业带建设项目，打造我县农旅融合发展新亮点；东冶镇实施"百里乡村"绿道项目，将自然风光、历史古迹等串珠成链一体发展；固隆乡实施万亩清香核桃产业加工项目，带动全县核桃产业持续健康发展。四是立足转型发展，引导扶持企业、社会资本进军休闲农业领域进行企业化经营，发展一批集生态农业、观光农业、设施农业、体验农业于一体的综合性农庄。

（五）突出品牌延伸产业链，积极开发休闲产品。顺应市场需求，立足食、住、行、游、购、娱旅游传统六大要素和商、养、闲、学、奇、情新六大要素中本地原材料和人力资源基础优势，将农业发展与休闲娱乐结合起来，打破三产界限，优化产业配置，引导农民由一产向二三产业转移，促使农业向手工业、农产品加工业、餐饮住宿、物流商贸、交通运输拓展延伸，建立"旅农工贸"联动一体化发展模式，形成以旅游消费为主线的完整产业链。一是积极开发优质产品。支持农产品初加工、精深加工及综合利用加工、特色加工和冷链物流协调发展；鼓励农民发展无公害农业、绿色农业、有机农业和地理标志产品，为消费者提供健康安全的小米、桑葚、山茱萸等系列优质农产品。二是着力打造知名品牌。整合提升现有农产品品牌，培育全县统一的土特产品品牌，利用新科技包装技术，重点开发本地小杂粮土特产品系列、蚕丝制品系列、大麻纺织系列、陶瓷工艺系列等旅游商品，培育析城山"穆王牌"小米、"水草庙"粉条、"阳之源"老陈醋、"润城枣花"馍和征弘高妆系列干馍片等一批叫得响、传得开、销得出的知名品牌。本着"农产品变礼品、特色产品变纪念品"的思路，着力为游客打造丰盛的"五个一"套餐："一壶茶、一瓶酒、一桌菜、一箱货、一片美景"。三是创意综合性产品。按照"把种农田变成卖风景，美丽风光变身美丽经济"的思路，选择 100 个基础条件较好的村，利用独特的自然环境、田园景观、民俗文化风情、农耕文化、农舍村落等资源，发展一业、打造一景、建设一村，为游客提供集观光、休闲、体验为特征的"悠然出行"综合性产品。

（六）坚持市场消费导向，发展农村新型业态。坚持生产导向转向消费导向，推进休闲农业供给侧改革，实现农业与旅游、教育、文化、健康养老、科技等产业深度融合。一是建设特色小镇和魅力村庄。开发利用我县历史文化名村、传统古村落众多的乡愁优势资源，对古村落、古民居及文物古迹进行保护、维修、改造，盘活资源，让人们穿越乡愁，感知乡愁，记住乡愁；注重乡村旅游与农耕文化、民俗文化融合发展，培育农耕文化悠久、乡土文化浓郁、民俗风情多彩、自然环境优美的美丽乡村，促使农村变景区、田园变公园、农产品变商品，建设一批具有历史记忆、地域特色、民族风情特点的特色小镇和魅力村庄，发展新型乡村旅游业态。二是继续扶持农家乐建设。在"一带一廊一园四区"周边发展以"吃农家饭、住农家屋、赏农家景、干农家活、享农家乐"为主的农家乐，同时，全力实施标准化建设工程，编制"阳城县休闲农业与乡村旅游建设规范""阳城县休闲农业与乡村旅游服务规范"，开展"阳光阳城工程"，对农家乐的建设、运营、管理、服务主体实施培训提升，完善提高已建成的农家乐，达到不同档次的星级标准，推出"游山水、住农家、采山珍、品特色、享休闲"等乡村旅游项目。三是建设一批青少年游学营地。开展农业文化遗产普查和保护，振兴我县麦芽枣糕、焙面娃娃等传统手工艺发展，加强对农耕、民俗文化遗产的挖掘、保护、利用，推进农耕文化教育进校园，建设一批青少年游学营地，引导中小学生参与农业科普和农事体验。四是鼓励发展市民农园等土地租赁业务。探索农产品个性化定制服务和农产品众筹、股权众筹、技术众筹、农场众筹、乡村旅游众筹等新型业态，满足消费者个性化、多样化需求。五是打造工业旅游景点。重视废弃工厂、旧煤矿等厂房场地资源的再开发利用，拓展煤炭博物馆、陶瓷体验馆、蚕桑展示馆、非遗手工业传承项目体验园等特色工业旅游项目。

（七）注重聚拢人气造势，积极组织节庆活动。一是按照"政府引导和市场运作相结合"的原则，依托我县田园城市优势和小杂粮、干果、中药材、食用菌等特色农产品资源，在绿道和森林公园举办首届国际徒步大会；在皇城生态园等周边六个村举办第一届中国阳城农业嘉年华节庆活动。二是依托"广禅侯故事"和"水草庙"非物质文化遗产，组织召开"第三次全国广禅侯学术讨论会"，发扬光大我县畜牧兽医精神，提升知名度。三是在每年各类节假日前，适时向社会宣传推介杏花观赏节、桃花摄影季、桑葚采摘节、中华寿桃文化节、冬季草莓展示会等十个左右农事节庆活动，不断提升我县休闲农业与乡村旅游知名度、美誉度。四是参加农业部举办的中国最美休闲乡村推介、中国美丽田园推介、全国休闲农业星级评定等活动，推介一批闻名全国的休闲农业与乡村旅游产品。通过以上活动，聚拢人气、引爆市场，特别是要做好特色产品推介，促进农业与餐饮业、建筑业、工业、运输业、旅游业相融合，实施农业＋旅游、工业＋旅游，实现农产品向旅游商品转化，带动旅游购物消费发展。

三、全力提升"一带一廊一园四区"融合发展示范区

（八）加快"一带"建设。"一带"即田园经济带。按照"美丽乡村、田园城市、产城融合、城乡一体"的构想，以县城为核心，加大向东西南北拓展力度，辐射到町店、演礼、西河、白桑和风城镇八甲口商贸物流园区，并在其周边布局农业林业休闲产业，建设田园小镇等小品观景点，强化农业产业、工业、商贸业联动，形成城市绿道经济生态圈、工业经济生态圈和农业产业田园经济生态圈，加快推进城市科学拓展和有机更新，全力构建田城相融的城市形态、山水相映的城市环境、产业相生的城市经济、人城相宜的城市生活，努力打造生产、生活、生态相融合的"悠然阳城"旅游目的地。

（九）加大"一廊"融合力度。"一廊"即磨董乡村旅游"百里画廊"。东冶镇要积极将磨滩村、蔡节村、三联村和月院村四村打造成磨滩综合发展景区，蟒河镇要打造中医药养生谷，河北镇要重点发展油用牡丹特色产业，驾岭乡要打造红苗谷示范区，次营镇要建成中华蚕桑示范园基地，董封乡要发展上河景区和风栖湖景区为重点的沟域经济。要注重农文旅融合、农工旅融合、农商旅融合、农医旅融合、农艺旅融合，引导驿站、观光休息点、景区、农家乐、采摘园、中药材、农业园等产业和行业功能相互嵌入，进行优势组合、产业联盟，拓宽拉长产业链条，构建多业共生、多方互动的旅游产业发展格局，形成休闲农业与乡村旅游产业的高度融合，为南部山区百姓全面实现小康目标注入新的活力。

（十）起步"一园"建设。"一园"即中国阳城农业公园。演礼乡、固隆乡、次营镇三个乡镇，要依托区位资源优势，积极融合区域农耕文化、生态文化、蚕桑文化、商汤文化、嶕峣山旧石器文明等资源，植入科技元素，打造桑谷教学研学基地、田园养老养生基地、农耕文化露天博物馆、田园喜庆产业、四季花海区、植物乐园、民俗旅游村，建设集农业旅游、产品购买、观光休闲、研学科普、乡村生活体验为一体的国家级农业公园，打造高端农业旅游业。

（十一）创意"四区"智慧旅游。"四区"即北留润城、东冶、蟒河、横河四大乡村旅游示范区。要本着"打造智慧旅游景区"的目标，在巩固完善四大旅游景区基础设施和公共服务的基础上，进行 PPP 模式发展，强化大数据思维，将旅游业融入互联网，利用 PC、移动端互联网电子商务平台，创意 O2O 线上线下营销、在线旅行社（OTA）等智慧销售，普及景区无线永久全覆盖、微信扫描支付等智慧服务，方便消费者需求。

四、培育休闲农业与乡村旅游产业融合发展主体

（十二）培育新型经营主体。引导大中专毕业生、新型职业农民、务工经商返乡人员领办家庭农场，开展乡村旅游等经营活动，使休闲农业成为大众创业、万众创新、农村剩余劳动力就地就业的重要渠道；支持山里人家、金圪垯、蓝之禾农家乐等休闲农业旅游合作社发展集休闲、度假、娱乐、体验、展示服务为一体的休闲农庄；培育壮大休闲农业龙头企业，引导农民以承包土地入股形式与企业进行合作，发展供游客观光旅游、领略乡村风情、体验农耕文明为一体的休闲农园，提高农民的资产性收入。

（十三）发展行业产业联盟。要通过成立核桃协会、蚕桑协会、乡村旅游协会和文化、旅游、科技、教育产业联盟，充分发挥协会、联盟自律、教育培训和品牌营销作用。要抓住我县创建全国旅游标准化示范县的契机，开展乡村旅游业态、农家乐、农产品、餐饮、酒店住宿、旅行社等标准制定工作，统一行业规范，实现信息互通、优势互补、共同发展。

（十四）吸引社会资本投入。各乡镇、各有关部门要加大项目推介力度，把美丽资源、优惠政策、优势项目推介出去，吸引工商资本、新型经营主体投资建设以休闲

农业为主导的美丽乡村，有规划地开发景区、休闲农庄、乡村酒店、特色民宿、自驾露营、户外运动等乡村休闲度假产品。同时，有关部门要完善"合同帮农"机制，为农民和涉农企业提供法律咨询、合同示范文本、纠纷调解处理等服务。

五、完善休闲农业与乡村旅游产业融合发展的保障措施

（十五）加强领导落实责任。各乡镇、各有关部门要切实加强组织领导，密切协作配合，抓紧制定和完善相关规划、政策措施，形成推动休闲农业与乡村旅游融合发展的强大合力；要强化主体责任，制订具体实施方案，引导资金、技术、人才等要素向休闲农业与乡村旅游产业融合集聚；要强化分类指导，积极探索各具特色的融合发展模式。

（十六）构建公共服务平台。充分发挥政府的引导作用，引导乡镇、村级因地制宜制定美丽乡村建设规划，，按"体现差异性，避免同质化"的原则，实现一村一景、一村一貌、一村一品；同时，搭建"阳城发布""悠然阳城"等旅游微信服务平台，提供乡村旅游、价格信息、设计、创意、市场、融资等适时预定、信息搜索、定制化解决方案等服务。

（十七）加大财政金融服务。县财政要结合休闲农业与乡村旅游发展实际，设立2000万元专项资金列入财政年度预算，发挥"四两拨千斤"的乘数效应，确保休闲农业与乡村旅游一二三产融合工作顺利推进；同时，鼓励金融机构与休闲农业经营主体建立紧密合作关系，加大对休闲农业与乡村旅游产业融合发展的信贷支持；稳妥有序开展农村土地承包经营权和农民住房确权登记，为土地、住房入市提供抵押贷款做准备，为休闲农业与乡村旅游融合发展提供金融服务。

（十八）优化土地利用政策。优化农村市场环境，为社会资本投资休闲农业发展创造有利条件，鼓励利用农村荒山、荒沟、荒丘、荒滩"四荒"资源发展多种经营，在年度建设用地指标中单列一定比例，专门用于带动农民就业增收作用大、发展前景好的休闲农业建设项目用地，利用一定比例的土地修建观光亭台、住宿度假酒店，开展观光和休闲度假旅游经营活动。

（十九）加强人才队伍建设。加大农村实用人才和新型职业农民培育力度，坚持集中培训、选调学习、现场考察、理论与实践相结合的培训思路，加强对全县从事休

闲农业与乡村旅游的经营主体、技术人员、服务人员等进行培训，提高休闲农业项目设计创意水平，提升从业人员素质；同时，加大政策扶持力度，引导各类科技人员、大中专毕业生等到农村创业，开展乡村旅游创客行动，依靠人才支持促进美丽乡村旅游发展。

（二十）改善基础设施条件。加快完善农村水、电、路、讯等基础设施建设，持续保持农村垃圾不落地工作常态，强化农村环境整治和生态保护，建设持续健康和环境友好的美丽乡村；提升休闲旅游重点村进村道路、供电、供水、网络建设水平，按照缺什么补什么的原则，加大休闲旅游重点村小型停车场、无害化公厕、公共浴室、垃圾污水处理厂、游客接待中心、土特产品采购服务平台等配套设施建设力度，为发展乡村旅游提供坚实的基础条件。

（二十一）实施旅游精准扶贫。引导支持贫困村立足当地资源优势，发展特色种养业、特色乡村民宿、农事景观观光、农耕文化体验等乡村旅游服务业，推进精准扶贫、精准脱贫，相关扶持资金要向贫困地区倾斜；开展县直机关结对帮扶贫困村活动，支持企事业单位、社会组织和个人在贫困地区投资发展休闲农业与乡村旅游项目。

（二十二）强化宣传营造氛围。通过报纸、电视等传统媒体和微信、移动互联网等新兴媒体，大力宣传发展休闲农业与乡村旅游的战略部署、扶持政策、成功经验，进一步激发广大干部群众发展休闲农业与乡村旅游的热情，增强发展内在动力，促进一二三产融合发展，着力打造"悠然阳城"，让农业优起来、农村美起来、农民富起来。

中共阳城县委

阳城县人民政府

2016 年 2 月 22 日

中共阳城县委 阳城县人民政府
关于创建国家全域旅游示范区的实施意见

阳发〔2017〕1号

各乡镇党委、政府，县委各部门，县直各单位，条管各单位，各人民团体，县管各企业：

2016年，国家旅游局提出全域旅游发展战略，并把我县确定为首批"国家全域旅游示范区"创建单位之一。2017年，进入创建攻坚阶段。为强力推动全域旅游示范区创建工作，唱响唱好"悠然阳城、全域旅游"这台大戏，促进我县旅游从景点旅游模式向全域旅游模式深度迈进，培育旅游产业成为战略性支柱产业，根据国务院《关于"十三五"旅游业发展规划的通知》、国家旅游局《关于开展"国家全域旅游示范区"创建工作的通知》，结合县情实际，特提出如下意见。

一、总体要求

1.指导思想。深入贯彻习近平总书记关于发展全域旅游系列重要指示精神，全面落实国家、省、市推进全域旅游发展的决策部署，以创建"国家全域旅游示范区"为目标，以五大发展理念为引领，以"田园城市、美丽乡村"为抓手，以骨干景区为支撑，持续实施"四全四游"发展战略，着力构建产业围绕旅游转、产品围绕旅游造、结构围绕旅游调、功能围绕旅游配、民生围绕旅游兴的发展格局，努力把我县打造成"全国重要旅游目的地"，争当全国全域旅游发展排头兵。

2.创建目标。按照"两年创建、两年巩固"的总体安排，2017年力争通过国家旅游局验收、基本建成"国家全域旅游示范区"，再经过两年左右的巩固提升，建成相对成熟的全域旅游"大景区"，实现旅游景观全域优化、旅游服务全域配套、旅游治理全域覆盖、旅游产业全域联动、旅游成果全民共享。

具体要达到八项标准：一是旅游业对县域经济和就业的综合贡献率高于全国平均水平。二是旅游综合管理和执法体系相对健全。三是厕所革命成效明显，旅游基础设施与公共服务体系比较完善。四是建成阳城旅游数据中心。五是旅游产品特色吸引力和市场影响力持续增强。六是旅游服务要素配套，"旅游＋"新业态发育程度高。七是旅游资源与生态环境保护到位。八是旅游安全、文明、有序，游客满意度高。

3. 基本原则。一是党政推动、市场引领；二是因地制宜、突出特色；三是整合资源、融合共享；四是注重保护、集约开发；五是以人为本、社会参与。

二、立足全域景区化，拉大旅游发展框架

4. 编制全域旅游发展规划。坚持全县一盘棋，旅游资源与其他资源合理配置，将城市与村庄、山水与田园、文物与文化、民居与民俗纳入旅游发展大盘子，突出空间的立体性、平面的协调性、风貌的整体性、文脉的延续性，制定全域旅游发展总体规划和区域性、局部性详规，明确发展目标、路径、投入、营销、任务等具体事项，打造田园城市、美丽乡村不同类型景观样貌，优化"悠然阳城"多彩旅游空间，夯实全域旅游意象基底，形成全县旅游开发建设一张蓝图，引领全域旅游快速发展。按照多规合一、一体布局、系统设计的思路，今年前半年完成全县全域旅游总体规划。各乡镇年内完成各自的全域旅游规划。重点景区按照"处处是景点、何处不风景"的思路，精心规划，精致设计，打造高层次、差异化的精品旅游项目。

5. 科学布局全域旅游空间。按照"一心一园两廊四区"的全域旅游总体布局，做好"扩点、连线、汇面"文章，着力推动"七个一"景区景点建设，形成龙头带动、城乡一体、差异发展、协同联动的全域旅游发展格局。一城：现代田园城市。坚持"核心板块支撑、快捷交通连接、优美小镇点缀、田园农业衬托"的建设理念，高标准定位、高质量推进，加快形成"城在田中、园在城中、相互交融"的独特城市风貌。一圈：沁河古堡民俗文化旅游圈。将皇城相府、海会寺、郭峪古城、上庄古村、中庄李家大院、上伏古商道、润城砥洎城等作为一个旅游圈来打造，实行品牌化宣传，进行整体化开发。一道：太行屋脊全域旅游大通道。建成贯通东冶、蟒河、河北、横河、董封等5个乡镇，串联蟒河、析城山等重点景区，东连泽州、西接沁水，主干道近百公里的南部山区"百里画廊"旅游大通道。一园：阳城中国农业公园。在

演礼、固隆、次营三个乡镇，规划集"节令文化展示、大农业养生、蚕桑文化交流、自驾骑游徒步、乡村田园慢生活"功能于一体，建设"景村互融、农旅互依、城乡互动"的晋东南"农耕文化实景体验馆"，创建独具特色、没有围墙的中国农业公园和国家4A级景区。一带：磨董专线乡村旅游带。在沿线乡村发展中药材、红苗谷、油用牡丹等特色产业，开发磨滩、上河、凤栖湖等特色景区，建设驿站、观景台、农家乐等功能设施，打造生产生活生态融合发展、观光休闲娱乐功能兼备的乡村旅游景观带。一廊：芦河工业旅游走廊。以芹池、寺头、町店芦苇河沿线乡镇为主，依托花园式厂区、一流生产设备、先进企业文化等，加快陈醋、花椒、蚕桑、煤炭及衍生品开发，创建煤炭博物馆、陶瓷体验馆等工业旅游项目，探索生产流程工艺参观购物游，增加工业旅游现场感、动态感、体验感，让今天的旅游者成为明天的消费者。一线："大析城"历史文化旅游线。将以"中华历史名山"析城山为主的横河、驾岭、河北以及县城串珠成链，挖掘整理开发沿线各景点的远古文化、商汤文化、廉吏文化、科举文化、大爱文化，打造全省闻名的历史文化旅游精品线路。

6. 全力实施"五十百千万"旅游振兴计划。每年新办一批集体验、观光、休闲于一体的特色农庄，申报一批符合国家评定标准的A级景区，发展一批具有鲜明特色的乡村旅游示范村，开发一批具有地域文化特点的旅游商品，扶持一批集群连片、规模经营的农家乐。坚持龙头带动，巩固提升皇城相府、蟒河、天官王府、郭峪古城景区，加快开发析城山、小尖山、砥洎城等景区，做大核心景区体量，丰富核心景区业态，提升核心景区品质，形成骨干景区"大树参天"和魅力景点、特色小镇、休闲农庄、示范村庄"百木成林"的旅游生态。

三、推进业态多元化，做强旅游竞争内核

7. 推动旅游与美丽乡村融合发展。以乡村景区化为导向，把青山绿水、田园野趣、生活方式、传统文化等这些沉睡的资源转化为旅游优势，错位化谋划、差异化发展、特色化推进，努力打造乡乡有特色、村村有美景的幸福乡村。按照产业特色鲜明、人文气息浓厚、生态环境优美、多种功能融合、体制机制灵活的要求，体现"产业＋文化＋景观"的理念，满足人们休闲、度假、养生、探险、游历、摄影、写作、交友、亲子等特殊需求，精心培育一批各具特色、富有活力的古堡民居、商贸物流、

休闲农业、生态经济、"杏福"乐园、丝路记忆、农事体验等旅游风情小镇和特色景观名镇。

8. 推动旅游与文化融合发展。坚持走文化搭台、旅游唱戏的路子，推进文化旅游融合发展。挖掘阳城道情、上庄秧歌、民间曲艺、焙面娃娃、法华陶瓷等非物质文化遗产，整理开发更多的地域性和区位性较强的旅游文化产品。依托董封上河、横河中寺、河北孤堆底、坪泉等红色基地，结合重大纪念日开展系列活动，增强红色旅游发展活力。继续同中国先秦史学会等机构合作，加大对"东方天帝"伏羲居住地析城山远古文化的研究和宣传，加强对众多商汤庙宇的保护和开发，赋予"悠然阳城"更加神奇深厚的文化内涵。深度研究杨继宗、王国光、陈廷敬等清正廉明、莅事忠勤的历史名人，利用影视作品等表现形式，宣传正能量，丰富景区文化内涵。注重发掘蚕桑、冶铸、建筑文化等各类文化资源，打造各具特色的文化演绎、实景体验、展览展出等文化旅游项目。

9. 推动旅游与体育融合发展。依托丰富的山地水体、公园绿道等资源，以健身娱乐、旅游休闲为目的，以体育运动为核心，以现场观赛、参与体验及参观游览为主要形式，继续办好"国际徒步大会"等品牌活动，积极申报国际山地马拉松赛事，开发健走、骑游、登山、露营、户外拓展、极限挑战等运动休闲旅游项目，引进竞赛表演、山地竞速等符合阳城实际的精品体育活动赛事，建设全国有重要影响力的体育旅游目的地。

10. 推动旅游与其他产业融合发展。充分发挥旅游业的拉动力、融合能力及催化集成作用，为相关产业和领域发展提供旅游平台，形成新的业态。实施"旅游＋农业现代化"，按照"农旅结合、以农促旅、以旅强农"新理念，积极培育一批经营特色化、管理规范化、产品品牌化、服务标准化的休闲农业示范点，持续发展农场、农庄、采摘园、体验园等新型业态，促进休闲农业多样化、个性化发展。实施"旅游＋新型城镇化"，促进发展特色旅游城镇，发挥旅游对新型城镇化的引领作用；实施"旅游＋新型工业化"，促进发展特色旅游商品，发展工业旅游，创新企业文化建设和销售方式新形态；实施"旅游＋信息化"，将旅游业培育为信息化最活跃的前沿产业，用信息化武装旅游。

四、推进旅游标准化，完善公共服务体系

11. 加快交通设施建设。按照"提高便捷性、增强通畅性、运行平缓性、具有景观性"的要求，加快高速公路、县乡交通干线、快速通道、通往景区旅游道路的建设，构建现代旅游综合交通运输体系。加快推动城乡公交服务网络延伸到主要景区和乡村旅游点，开通县城至各景区的旅游公交车，努力实现旅游交通全覆盖，最大限度提升游客的便捷程度。

12. 完善服务设施配套。围绕"安、顺、诚、特、需、愉"六字要诀，加快县城游客服务中心建设，推进乡村旅游服务接待咨询点建设，完善旅游咨询、购物等服务功能，持续提升旅游接待能力和服务标准化水平。在高速公路、国道省道、县城街道、通往景区道路沿线设置规范的交通引导标识，在所有 A 级景区和乡村旅游点设置完备的旅游指示标识，起到引导宣传双重作用。逐步规划建设覆盖全县的汽车自驾游服务网络体系，引导建设自驾车营地、道路救援、车辆租赁等，为自驾车旅游者提供便捷服务，推动和保障自驾游市场快速发展。

13. 抓好旅游厕所革命。围绕"数量充足、干净无味、管理有效、实用免费"的创建目标，县城和所有 A 级景区，按照国家标准持续推进旅游厕所新建改建，乡村旅游点因地制宜、梯次推进标准化厕所建设。

14. 推动农家乐提档升级。集中规划建设一批既具有本土特色又有域外风情的小吃一条街、特色餐饮城、精品农家乐。修订完善农家乐建设和服务标准，抓好日常培训管理，促进农家乐提档升级。扶持发展一批精品民宿，以家庭特色旅馆为基础，衍生出农事体验、加工体验、工艺体验、自然体验、民俗体验、运动体验等休闲业态，成为高端农家乐集群，打造农家乐的升级版。

15. 完善旅游商品销售体系。立足地域特色，加强创新培育，整合提升现有的析城山小米、阳之源陈醋、绿洲大麻、相府蜜酒、润城枣糕、征弘馍片等一批叫得响、传得开、销得出的知名产品，精心开发一批小杂粮土特产品、蚕丝制品、桑叶桑葚制品、陶瓷工艺品等系列旅游商品。充分利用重点景区、乡村旅游点周边的闲置场地，合理规划建设一批旅游购物场所，鼓励群众从事旅游商品销售。积极支持商家利用电商平台销售旅游商品，在游客集散中心和购物场所完善快递物流体系建设，实现线上

线下无缝对接销售模式，活跃购物市场，增加旅游收入。

16. 推进智慧旅游发展。建成阳城旅游数据中心，构建数字旅游公共信息平台，实现无线网络、智能导游、电子票务、信息推送等功能全覆盖，为游客提供"旅游咨询一览无余、旅游交易一键敲定"的"零距离"服务，让旅游插上信息化的翅膀。利用好全域旅游大数据信息采集，建立科学完备的统计数据资料，及时掌握动态，定期分析研判，科学调整决策，适时查漏补缺。

五、提升服务品质化，打造优质旅游环境

17. 强化旅游人才培养。实施旅游行政管理人才、基层旅游管理干部培训计划，建设多层次旅游教育培训体系，提升旅游从业人员素质。完善旅游人才扶持政策，积极引进一批高端复合型人才，建立旅游专业人才库，引导旅游企业建立完善的薪酬、保障、进出、评价和奖惩机制，激发旅游从业人员的内生动力和工作活力。坚持导游执业的法制化和市场化，实现导游必须由旅行社委派的封闭式管理体制向导游依法自由有序流动的开放式管理转变，培养一大批适应阳城旅游发展需要的高素质导游队伍。

18. 开展旅游环境整治。按照"洁化、绿化、美化"要求，深入推进旅游道路两侧环境整治，清理规整残墙断壁、危旧建筑、废弃构筑物，集中整治乱搭乱建、乱披乱挂、乱堆乱放，切实消除可视范围内环境脏乱差现象。全面治理景区景点、沿线村镇、乡村旅游点的户外广告以及与旅游环境不协调的建筑外立面，深入实施改善人居环境行动计划，达到景区景点美观、村容村貌整洁、街道庭院亮丽的效果，打造美丽景区、美丽乡村、美丽庭院。

19. 提升旅游服务质量。坚持"游客至上"的理念，一切以游客满意为标准，自觉提升旅游服务质量。旅游部门要聘请旅游服务质量监督员，持续开展旅游满意度调查，有针对性地提出整改措施。加快旅游诚信体系建设，建立健全黑名单制度，在全社会营造诚信经营、文明旅游的良好风尚，营造宾至如归的服务环境。

六、推进形象品牌化，提升旅游市场影响

20. 抓好旅游节庆活动。以节造势、以节聚人、以节聚气，创造轰动效应。持续实施"农业嘉年华"等重大品牌活动，引导各乡镇、各景区举办形形色色的节庆活

动，规范提升杏花观赏、桑椹采摘、摄影采风、红色电影等原有系列节庆活动，创新开展民风民俗、文化文艺、娱乐游戏、农事体验、风光风貌游览、地方产品展销等特色鲜明的节庆活动，努力做到乡乡有节、四季有节、年年举办、有声有色，持续扩大阳城旅游的知名度和美誉度。

21. 做好宣传营销工作。深度开展多形式多渠道市场营销，由原来的景点景区营销转变为旅游目的地营销，着力抓好"四个突破"，全方位展示"悠然阳城、全域旅游"品牌。一是点上突破。重点在以北京为主的华北市场、以西安为主的西北市场和以郑州、武汉为主的中部市场三大区域的地铁站、高铁站、火车站、公交站、飞机场等大量投放"悠然阳城、全域旅游"形象宣传广告。二是线上突破。在太长、长晋、晋焦、晋济、阳翼等高速公路大量投放"悠然阳城、全域旅游"形象宣传广告，在北京至新乡、北京至西安等高铁列车上冠名"悠然阳城号"，持续扩大我县在周边省、市的影响力。三是面上突破。加大在央视、省台、《中国旅游报》等主流媒体上的宣传推广力度，充分利用网络、微信等新信息平台，制作投放各类形象宣传文本和视频，形成全方位立体式宣传态势。四是业内突破。积极参加国家、省、市组织的旅博会、旅展会、旅交会等各种会议、会展等，进一步拓展旅游市场。

七、突出管理科学化，加快机制体制创新

22. 完善旅游管理体制。着力构建统筹推进全域旅游的体制和工作格局，形成"党委统揽、政府主导、各部门联动、全社会参与"的管理机制。组建阳城县旅游发展委员会，强化对全县旅游业发展的组织、协调和指导，确保推进全域旅游的各项政策措施落实到位、效果明显。镇村两级成立旅游发展办公室，由党政主要领导主抓，有效推进属地全域旅游发展工作，形成县乡村三级旅游开发管理工作机制。

23. 抓好旅游行业综合监管。围绕适应旅游发展综合执法需求，大力推进旅游、公安、法院、工商质检、交通等单位联合执法，维护旅游消费者权益，确保旅游市场监管到位。建立健全"政府统一领导、部门依法监管、企业主体负责"的旅游安全责任体系和工作机制，做好重点景区最大承载量核定和控制，加强对重点设施、危险地段的检查维护，落实安全责任，确保安全无事故。

24. 推进景区景点体制机制改革。坚持"一景一策、重点突出、有的放矢"原则，

依法依规、积极稳妥推进皇城相府、蟒河、天官王府、孙文龙纪念馆、海会寺、郭峪古城等景区景点经营管理体制机制改革创新，实现专业化、公司化、市场化运作，激发旅游市场主体内生动力，提升景区景点服务水平。

25. 改革创新投融资机制。抓住供给侧结构性改革的机遇，改革创新投融资模式。推进旅游基础设施和公共服务的 PPP 投融资模式改革创新，促进投资主体的多元化。引导金融机构加大对旅游企业和旅游项目融资支持，鼓励民间资本与政府进行合作，吸引民间资本参与重大旅游项目开发，参与公共基础设施建设。加强招商引资力度，力争引进一批有实力的大企业集团投资旅游项目。

八、保障措施

26. 加强组织领导。县乡两级要尽快成立"创建国家全域旅游示范区"工作领导组，把创建工作作为全局工作的重中之重，周密部署、狠抓落实。相关部门主要领导要深入一线、靠前指挥，及时研究破解工作中的困难和问题，统筹推进全域旅游持续健康发展，形成一级抓一级、层层抓落实的生动局面。

27. 加大扶持力度。注重发挥财政资金"四两拨千斤"的作用，引导和撬动各类社会资金投向旅游开发。将旅游专项资金列入财政年度预算，建立持续增长机制；将各类支农、生态、文化、水利、交通等扶持资金，向涉旅项目倾斜；加大对创建国家 A 级旅游景区、新建农家乐扶持奖励力度；最大限度争取国家、省、市旅游产业项目扶持资金。适当放宽旅游行业准入门槛，切实简化旅游项目审批程序，制定出台土地、税收、金融、环保等方面的配套政策，为旅游项目开发建设提供政策保证。

28. 形成强大合力。旅游部门强化牵头抓总职责，会同有关部门分解细化创建目标任务，保证创建工作有力有序有效推进。发改、住建、国土等部门做好经济社会发展规划、城乡规划、土地利用规划与全域旅游规划的衔接工作，为全域旅游提供空间和政策支持。统计部门要建立全域旅游统计指标体系。农林体育、经信、文化、住建等部门要深入研究"旅游+"在各个领域的运用和推广，务实推进全域旅游与相关行业融合发展。

29. 营造浓厚氛围。把宣传工作贯穿创建工作全过程，加强舆论引导，形成宣传声势，动员各级各部门和广大干部群众自觉投身全域旅游发展事业，人人争做全域旅游建设者、旅游品牌宣传员、旅游形象维护者，形成全社会共同关心、关注、支持旅游产业发展的良好氛围。

30. 强化目标考核。县委、县政府 2015 年制定了《关于加快以旅游为导向的美丽乡村建设的指导意见》，2016 年出台了《关于推进休闲农业与乡村旅游产业融合发展的实施意见》，与本《实施意见》一脉相承、效力相同。两个《意见》确定的目标任务仍须不折不扣抓好落实，制定的各项扶持奖励政策仍会不折不扣兑现执行。"国家全域旅游示范区"创建工作实行目标责任管理，要结合两个《意见》和本《实施意见》，尽快制订具体的实施方案和年度行动计划，拿出任务书，绘出路线图，列出时间表，将全域旅游创建工作纳入各乡镇、各部门、各单位年度目标内容，建立纵向到底、横向到边的目标责任分解和考核体系，加强督查考核，严格奖惩兑现，确保我县创建"国家全域旅游示范区"目标如期实现。

中共阳城县委

阳城县人民政府

2017 年 2 月 3 日

中共阳城县委 阳城县人民政府 关于推进蟒河农林文旅康产业整合发展先行区建设的指导意见

阳发〔2018〕22号

蟒河先行区建设管委会、"三变"改革领导组、指挥部各成员单位：

为强力高效推动我县农林文旅康产业融合发展蟒河先行区（以下简称"蟒河先行区"）建设，根据中央、省、市关于实施乡村振兴战略的实施意见，市委、市政府办公厅《关于推进农林文旅康产业融合发展试点的实施意见（试行）》，阳城县《农村集体产权制度改革工作方案》等文件精神，结合实际，提出以下指导性意见。

一、指导思想

以习近平总书记关于"三农"工作的重要论述和"见新见绿"重要指示为遵循，紧扣实施乡村振兴战略的各项要求，以市场为导向，以康养为主题，以"三变"（农村资源变资产、资金变股金、农民变股东）改革为基础，坚持核心景区吸引、特色产品筑基、康养产业支撑，充分挖掘蟒河镇土地、山林、水面、自然生态、人文景观、民风民俗等各类资源，发展壮大一批观光体验、休闲度假、健康养生、生态保护、文化传承、中药材和农产品深加工等新业态、新产业、新模式，推动农村一二三产业融合发展，把蟒河先行区打造成全市乃至全省"农林文旅康"产业融合发展的样板镇。

二、基本原则

——坚持规划引领，做好顶层设计，科学严格执行规划。

——坚持政府引导、企业主体、市场运作的方式，真正让市场在蟒河先行区建设中发挥重要作用。

——坚持土地公有制性质不改变、农村基本经营制度不改变、耕地红线不突破、农民利益不受损。

——坚持发展共享经济，真正让农民、村集体和投资"康养＋"产业的各个市场主体三方受益，共赢发展。

——坚持先易后难、分步推进，确定突破口和优先序，着力在关键环节和重点领域取得突破。

——坚持边界之内任驰骋、清单之内任先试，鼓励大胆探索、勇于创新。

——坚持完善落实更加包容、合理的容错纠错机制，为敢于担当的干部担当，为敢于负责的干部负责。

三、项目布局

蟒河镇农林文旅康产业融合发展，核心是"康养"，要以"康养＋"为主线串联其他产业和领域，促进康养产业与农业、林业、文化、旅游、运动、疗养等产业深度融合发展，形成多元的康养产业链，重点围绕一景、一品、一业"三个一"发展思路谋划布局、铺排项目、推动发展，打造"康养蟒河"品牌。

提升一景，就是要将蟒河景区提档升级。用好蟒河各类"国家级"称号，通过引进战略合作伙伴、实施 PPP 项目等方式，充分挖掘自然风光、珍稀动物等生态优势中的康养因子，逐步将景区打造成国家 5A 级景区。要扩大景区体量，加快游客中心外迁工程，将桑林书院、卧龙湾、西山等地纳入蟒河景区范围，并进行景观节点打造，用蟒河景区已经形成的影响力和知名度带动周边地区同步发展。要丰富景区业态，增加瀑布水景、森林秘境等观光游览景点，开发智慧康养城、温泉度假村、医养疗养机构、房车营地、空中观光等康养体验项目，开展各类特色节庆活动，打造高端农家乐、精品民宿集群，让更多的游客能够住下来。要提升景区品质，完善景区水、路、电、讯等基础设施建设，实施景区智慧管理和智能监控等工程，实现景区管理法制化、导游标准化、服务规范化，挖掘河流、山谷、历史、人文等方面文化基因，植入到景区建设和环境打造中，将蟒河景区建成"消夏、休闲、康养、度假"的核心区块。

拓展一品，就是要将山茱萸打造成全产业链、高附加值的地标性产品。充分发挥蟒河山茱萸品质好、规模大、全国著名主产地的优势，在扩大面积、提高产量，精深加工、延长产业链上下功夫，尽快做大做强做精山茱萸产业。要在种植观赏上突破，在全镇范围内适宜的山地荒坡、田埂地头、房前屋后，大面积种植山茱萸，三年新发展100万株，并结合发展休闲农业和乡村旅游，建设示范点、体验园、观景台等，形成新的景观效益、生态效益和经济效益。要在"接二连三"上突破，引进加工、提取、包装等先进技术，进行山茱萸产品深加工，大力开发山茱萸药品、酒、茶、枕头等系列产品，同步挖掘山茱萸养生、文化等价值，建设山茱萸为特色的各类中医药养生场馆，开展"重阳登高"等节庆活动，提升山茱萸品质、文化内涵，将山茱萸产品打造成康养和文旅纪念商品。要在扩面提质上突破，选择其他适宜的道地中药材进行种植，配套建设中草药谷、中草药研发中心、中草药体验园等新业态，与医药集团、医疗机构、高等院校合作，建立物流、供销等网络，将蟒河建成国家中医药健康旅游示范基地。

打造一业，就是要发展"康养 +"，打造深度融合的康养产业各个功能区块。一是"康养 + 农业"。加快发展融休闲度假、康体健身、赏花摘果、乡村美食、农事体验等新业态，探索建设现代农业产业园、田园综合体、农业特色小镇、田园养生院落等新产业，利用空心村、闲置农房、空闲荒芜土地等，让市民、企业与农民合作，建设写生、摄影、拍摄等基地，发展共享客栈、共享农舍、共享农场、共享农庄，着力构建"休闲农业支撑康养产业、美丽乡村成为康养基地"的深度融合发展格局。二是"康养 + 林业"。大力改善森林康养等公共服务设施条件，着力发展游憩、观光、疗养、体验、养老等相融合森林康养产品，构建以太行一号国家风景道阳城段和西蟒旅游专线带动、乡村道路辐射的森林康养产业带。三是"康养 + 文化"。将商汤文化、农耕文化、红色文化等文化资源，植入到康养项目和产业中，挖掘国学文化、中医药文化、饮食文化等文化资源，让康养能够养心养神，更有内涵和趣味。四是"康养 +旅游"。筑牢康养旅游基础，创新康养旅游模式，强化康养旅游营销，依托蟒河得天独厚的资源禀赋，发展各类旅游产品和线路。以旅游促进康养，以康养带动旅游，将蟒河打造成中原市民"旅居后花园"的重要目的地。五是"康养 + 运动"。依托丰富的山地水体，开发健走、骑游、登山、露营、户外拓展等运动休闲项目，建设探险、攀岩等极限挑战基地，引进山地马拉松、山地自行车等体育赛事。六是"康养＋养生"。挖掘阳城太极拳文化，利用太极拳始祖王宗岳祖籍阳城的品牌效应，积极邀请太极名家，开展太极拳论坛、讲座、比赛等文化交流活动，打造太极拳养生胜地。聘请全国知名国医大师坐诊，弘扬祖国传统医学，设计高品质治病、理疗、养生方案，举办中韩、中日以及海峡两岸等知名中医养生论坛，打造独树一帜的国医康养基地。七是"康养＋疗养"。开发建设疗养区、养生园、日间照料中心、深呼吸小镇等，探索发展"空气理疗＋远程医疗"为特色的养老度假区。探索引进干细胞研发、转化以及尘肺检查、治疗的尖端前沿技术，建设全国煤矿职业病检查治疗和干细胞研发治疗机构。开发地下含有丰富矿物质的盐水水层以及地热资源，发展温泉养生、温泉运动、温泉酒店等温泉产业，建设温泉度假区，带动各类人群来蟒河疗养、治病、度假、养生。

四、政策举措

1. 鼓励先行先试。凡全国已经有地方实施的政策，都可在蟒河先行区内试行。凡法律没有禁止的，都允许先行先试。

2. 强力推进"三变"改革。将蟒河镇确定为我县推进"三变"改革的试点镇，依法依规、先行先试、快速推进。"三变"改革领导组，精心制定蟒河镇"三变"改革工作方案，经县委、县政府批准后组织实施。镇、村两级尽快成立专门的领导机构和工作机构，年内完成蟒河全镇域"三变"改革，为加快蟒河先行区建设奠定体制基础和工作基础。坚持"一村一社、一户一入，入社自愿、退社自由，覆盖多数、带动全村"的原则，村村成立股份合作社，乡镇成立联合总社，将农村集体和农户闲散的耕地、林地、水域、房屋、设施设备等资源、资产、资金以及劳动力、技术、管理等各种生产要素充分整合，优化重组，建立健全村级集体经济合作组织，促进全镇农村集体经济的不断壮大和农民收入的持续增长。为保护农民合法权益，提高合作社的治理能力，县政府以总股本1%参股，委派发改、财政、农业、审计部门工作人员作为股东，参与决策。合作社稳定运行3年后，县政府股份退出。

3. 统筹使用各级各类资金。设立"农林文旅康"产业融合发展先行区建设引导奖励资金2000万元，与省市财政专项资金统筹使用，重点用于扶持"康养＋"产业、引进外来资本、培育市场主体、建设基础设施、运营管理产权交易平台等方面的奖补。坚持集中财力办大事，统筹整合全县各类涉农资金，投向蟒河农林文旅康融合发展项目。遵循公开透明原则，对下达蟒河镇的各类资金，允许镇政府捆绑集中使用，撬动金融和社会资本更多地投向蟒河。晋市办发〔2018〕26号文件要求县财政配套的500万元资金，尽快下达蟒河镇，作为启动建设资金。

4.强化龙头牵引带动。实质性组建县文旅集团，通过融资、招商等多种方式，牵引带动蟒河先行区建设，一方面快速提升蟒河景区，一方面投资镇村合作社的发展运营，采取"平台公司＋合作社＋农户"的模式发展产业。待镇村级合作社发展壮大步入正轨后，平台公司保股让利逐步退出。

5.发展共享民宿奖补。对以自营、租赁、入股等方式，符合规划、安全、美丽乡村建设等要求，利用空闲农房或整个空心村发展共享民宿，并连续运营六个月以上的主体，按建筑面积每平方米500元进行奖补。补助最高限额为300万元。

6.农家乐提档升级奖补。制定我县农家乐星级划分和评定标准。对原农家乐进行提档升级，达到二星级每户奖1万元、三星级每户奖2万元、四星级每户奖3万元、五星级每户奖4万元。新发展的农家乐必须达到三星级以上标准，每户分别按3万元、4万元、5万元进行奖补。鼓励集中连片发展农家乐。

7.新办农林文旅康项目奖补。对新从事农场农庄经营、农产品深加工、乡村旅游开发、养生疗养基地建设的社会主体，年营业额达到500万元的，给予50万元的一次性奖补。达到国家3A级的新建景区景点，给予100万元的一次性奖补。

8.发展山茱萸产业奖补。对栽植户每株补助10元，先种后补，按成活株数给予补助。对收购山茱萸的合作社，实行山茱萸桶皮干果每公斤35元保护价补差，合作社收购蟒河镇农户鲜果不得低于每公斤4元。对于发展山茱萸深加工企业，达到一定规模和效益的，采取"一企一策"的办法给予奖补。

9.争取上级项目资金奖励。鼓励发挥自身优势，策划包装申报实施"农林文旅康"产业融合发展项目，被列为中央、省、市重点项目，并获得财政扶持资金的，按照市级以上财政扶持资金的10%进行奖补。

10.优先落地奖励。对于由社会资本投资，前5名落地的新项目，一年内建成并运营的，投资额达500万元的每家按实际投资额的10%给予一次性奖励；对于6～10

名落地的新项目，一年内建成并运营的，投资额达 500 万元的每家按实际投资额的 6% 给予一次性奖励。奖励在营业之日起三个月内兑现。对于品牌突出、特色鲜明、影响较大的项目，奖励方案另行确定。

11. 缴纳税收奖励。社会资本投资开发农、林、文、旅、康产业项目，自投产运营之日起，前 5 年由县财政按缴纳企业所得税、增值税县级留成部分给予等额奖励。

12. 创新金融服务。农商银行、农业银行、农发行、邮储银行等金融机构积极开展土地经营权、林地经营权、农民房屋财产权等产权的抵押、担保、贷款等业务。

13. 配套基础设施。对投资额度大、带动能力强的项目，县直相关部门要优先规划，搞好水、电、路、讯、气、环保等基础设施配套。

14. 盘活闲置宅基地。村集体通过无偿退出、现金补偿、异地安置等方式盘活利用宅基地，特别要探索闲置宅基地收归村集体统一进行管理和使用的办法。地面无建筑物、构筑物，或已闲置的堆场、圈舍、厕所和已倒塌的宅基地无偿退出；一户多宅的宅基地在村委会和宅基地使用权人就附着物补偿达成一致后，有偿退出，支持为了村镇规划变有偿为无偿退出；鼓励原籍为农村集体经济组织的，通过继承、分家析产取得房屋所有权的国家公职人员退出农村宅基地；对适合集中发展共享民宿等项目的宅基地，不能有偿或无偿退出的，通过审批新宅基地、异地安置等办法解决。宅基地退出后的建设用地，由村集体收回后可直接入市交易，或入股农林文旅康产业。

15. 激励村两委主干自主创业和招商引资。村支部书记、村委主任领办发展"农林文旅康"产业，带动 100 名以上村民就业；或主动招商引资，引进第三方投资主体，带动 300 名以上村民就业，任期内给予全额事业人员薪酬待遇。

16. 激励大学生自主创业。吸引县内外大学生"上山下乡"带头创业。对自愿投身"农林文旅康"产业发展的，根据业绩考核给予全额事业试用工资待遇。对自主创办企业，带动当地 200 名群众就业的，给予全额事业正式编制待遇。

17. 激励干部职工创新创业。支持党政机关工作人员、事业单位专业技术人员、国有企业干部职工离岗回乡创新创业。时限三年，三年期间停薪留职，工龄连续计算。回原单位后，职称评定、职务晋升、工资升级、社会保障等不受影响，可以按照有关规定对业绩突出人员在岗位竞聘时予以倾斜。对离岗却没有创新创业的，回单位三年内，不能参与职称评定、职务晋升，工资绩效部分将酌情扣除。

18. 鼓励众筹兴业。工、青、妇、工商联等群团组织要充分发挥职能优势和作用，引导和动员组织成员采取众筹模式投资兴办农林文旅康融合发展项目。

19. 注重人才培训。县人社局、农委、职业技术学校、各类技术培训推广机构要针对性培训农、林、文、旅、康产业亟须的各类人才，优先向蟒河先行区输送。

五、组织和制度保障

1. 按照县委阳字〔2018〕15号文件通知精神，蟒河先行区建设管委会、"三变"改革领导组、指挥部成员单位要在指挥部统一领导下各司其职、各尽其责，密切配合、高度协同，严禁推诿扯皮、互相掣肘。一经发现，严格追责问责。

2. 蟒河先行区建设指挥部实行月小结及协调调度制度。指挥部每月月初定期召开先行区建设协调调度会议，听取管委会和"三变"改革领导组上月工作情况汇报，本月工作安排，研究解决先行区建设的有关重大问题。如遇需指挥部班子集体及时决策拍板的事项，由管委会或"三变"改革领导组第一时间向总指挥提出，由总指挥随时召集研究。

3. 蟒河先行区建设管委会和"三变"改革领导组实行工作旬汇报制度。每旬第一天，先行区建设管委会、"三变"改革领导组要以书面形式向总指挥汇报上旬工作进展情况，本旬工作安排。总指挥根据报告情况作出指示、下达指令。

4. 蟒河先行区建设管委会和"三变"改革领导组工作人员实行集中办公、严格执行签到签退、请销假等制度。所抽调工作人员一年内与原单位工作脱钩，由管委会和"三变"领导组进行日常管理和考勤考核。原单位没有特殊情况不得给抽调人员分配工作任务，不得减少抽调人员各种待遇。

5. 加强督查考核。县委、县政府对蟒河先行区建设推进情况进行定期不定期跟踪督查。从2018年开始纳入蟒河镇和县直指挥部成员单位年度目标责任考核范畴。对于工作推进不力、服务效率低下甚至不作为、乱作为的，给予通报批评和严肃追责。

6. 营造浓厚发展氛围。新闻媒体要加强蟒河先行区建设宣传力度，及时总结推广工作中的好做法、好经验，发挥先进典型的示范带动作用，充分调动广大干部群众的积极性，凝聚全社会力量。

本意见主要适用范围为蟒河镇。其他有条件发展农林文旅康产业的乡镇可选择 1～2 个村进行试点，经县蟒河先行区建设指挥部审核后，可以享受本意见相关政策。

中共阳城县委

阳城县人民政府

2018 年 10 月 29 日

后　记

为全面贯彻落实党的十九大精神，践行绿色发展理念，促进山西生态文明建设，实施乡村振兴战略，探索县域经济创新发展路径，打造国家全域旅游示范区，努力实现资源型经济转型综改试验区的产业转型升级目标，山西省生产力学会 2018 年与山西省文化旅游厅、阳城县政府、皇城相府集团联合开展了"皇城相府杯"全域旅游绿色崛起主题调研活动，组织山西大学、山西省社会科学院（山西省人民政府发展研究中心）的专家教授对阳城县创建国家全域旅游示范区的实践经验进行了近一年全方位的调研活动，企图通过剖析阳城县全域旅游发展的经验和存在的问题，为山西省打造国家全域旅游示范区提供借鉴和范例。

在一年多的调研过程中，调研组的专家教授带领研究人员深入阳城县各个旅游景区景点，与阳城县委、县政府相关部门多次召开座谈会，论证阳城县全域旅游实践模式的发展路径和典型经验，形成了向山西省委省政府提交的调研报告，得到主管领导的批复，有关政策建议落实到山西省建设国家全域旅游示范区的相关措施当中。在调研报告的基础上，调研组专家们进一步深化调研成果，探讨阳城模式的发展基础和基本内涵，总结阳城全域旅游的发展路径和主要经验，梳理阳城全域旅游实践的具体做法和保障措施，最终形成了这本呈现在读者面前的这部著作。

阳城县全域旅游发展实践调研组负责人为山西大学经济与管理学院经济系主任梁红岩副教授。成员包括山西大学历史文化学院博士生导师张世满教授，山西大学经济与管理学院高帅副教授，山西省社会科学院（山西省政府发展研究中心）贾云海助理研究员、邵奇助理研究员，山西大学商务学院张亦非讲师，山西大学经济与管理学院硕士研究生董威励、王静、武艳君、李青、段红丽等。阳城县文旅局全力配合协助，保证了这次调研活动的圆满完成。山西生产力学会的李雁红会长、牛来友副会长也亲自深入晋城和阳城参与项目座谈论证，晋城市政府、晋城市政协、晋城市文旅局，阳城县委县政府的有关领导对本课题的调研成果也提出了许多建议和指导意见，为本书最后的形成做出了积极贡献，在此一并致谢。

参与本书撰写的人员分工为，张世满：第一章；梁红岩：第二、三、四、五章；贾云海：第六、九章；张亦非：第七章；邵奇：第八章。另外太原学院的康玉庆教授也参与了本书编写大纲的研究讨论。阳城县文化和旅游局领导高度重视本书的编撰工作，姬敦虎、王正斌、卫军善、郭树基、宋晓军、刘月兰、李军、吉海宏等领导多次专门召开会议安排部署，责成张学锋、王小锋两位同志牵头，石向伟、吉利、宋松蒲、张仙仙、潘柳贤，以及李淑平、王云云、张记梅、张云峰、杨丹丹、郭超、吴郎兵、田宋兵、裴伟芳、杨婷婷、刘伟峰等同志都与相应作者进行了很好的沟通和对接，并提供了相关文字资料和照片。本书第19页、第46页、第88页照片由张学锋提供，其余照片由阳城县文化和旅游局提供。

全域旅游的阳城实践

YANGCHENG PRACTICE OF
HOLISTIC TOURISM DESTINATIONS

上架建议：旅游经济

ISBN 978-7-5032-6379-8

9 787503 263798 >

定价：78.00元

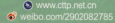
www.cttp.net.cn
weibo.com/2902082785